ELIO ALBA-BUFFILL

CONCIENCIA
Y
QUIMERA

(Senda de estudios y ensayos)

SENDA NUEVA DE EDICIONES
NEW YORK
1985

Copyright © 1985 by Elio Alba-Buffill
Senda Nueva de Ediciones, Inc.
P.O. Box 488
Montclair, N.J. 07042

ISBN: 0-918454-45-X
Library of Congress Catalog Card Number: 84-52379

All rights reserved. No part of this publication covered by the copyright hereon may be reproduced or used in any form or by any means—graphic, electronic or mechanical, including photocopying, recording, taping, or information and retrieval systems—without written permission.

Printed in the United States of America
Impreso en los Estados Unidos de América

CONCIENCIA Y QUIMERA

SENDA NUEVA DE EDICIONES
P.O. Box 488, Montclair, N.J. 07042

SENDA BIBLIOGRAFICA
Elio Alba-Buffill y Francisco E. Feito. *Indice de El Pensamiento [Cuba, 1879-1880].*
Alberto Gutiérrez de la Solana. *Investigación y crítica literaria y lingüística cubana.*

SENDA NARRATIVA
Oscar Gómez Vidal. *¿Sabes la noticia...? ¡Dios llega mañana!* (cuentos)
Ignacio R. M. Galbis. *Trece relatos sombríos.* (cuentos)
Alberto Guigou. *Días ácratas. Sin ley ni Dios.* (novela)
Charles Pilditch. *The Look (La mirada,* novela de René Marqués).
Elena Suárez. *desde las sombras.* (cuentos)
Enrigue Labrador Ruiz. *El laberinto de sí mismo. (novela)*

SENDA DE ESTUDIOS Y ENSAYOS
Octavio de la Suarée, Jr. *La obra literaria de Regino E. Boti.*
Rose S. Minc., Editor. *The Contemporary Latin American Short Story* [Symposium].
_____. *Lo fantástico y lo real en la narrativa de Juan Rulfo y Guadalupe Dueñas.*
Elio Alba-Buffill. *Los estudios cervantinos de Enrique José Varona.*
Rosa Valdés-Cruz. *De las jarchas a la poesía negra.*
Ada Ortuzar-Young. *Tres representaciones literarias en la vida política cubana.*
Suzanne Valle-Killeen. *The Satiric Perspective: A Structural Analysis of Late Medieval, Early Renaissance Satiric Treatises.*
Festschrift José Cid-Pérez. Editores: Alberto Gutiérrez de la Solana y Elio Alba-Buffill.
Ignacio R. M. Galbis. *De Mío Cid a Alfonso Reyes. Perspectivas críticas.*
Angela M. Aguirre. *Vida y crítica literaria de Enrique Piñeyro.*
Arthur Natella, Jr. *The New Theatre of Peru.*
Marjorie Agosin. *Las desterradas del paraíso, protagonistas en la narrativa de María Luisa Bombal.*
Michele S. Davis. *A Dramatist and his Characters: José Cid Pérez.*
Mercedes García-Tudurí y Rosaura García-Tudurí. *Ensayos filosóficos.*
Pablo Le Riverend. *Homenaje a Eduardo Le Riverend Brusone.*
Marie A. Wellington. *Marianela: Esencia y espejo. Cinco ensayos.*
Rafael Falcón. *La emigración puertorriqueña a Nueva York en los cuentos de José Luis González, Pedro Juan Soto y José Luis Vivas Maldonado.*
María Gómez Carbonell. *Cruzada Educativa Cubana. Día de la Cultura Cubana.* Premio Juan J. Remos. Ed. Alberto Gutiérrez de la Solana.
Gladys Feijoo. *Lo fantástico en los relatos de Carlos Fuentes: Aproximación teórica.*
Elio Alba-Buffill. *Conciencia y quimera.*
Enildo A. García. *Cuba: Plácido, poeta mulato de la emancipación (1809-1844).*

SENDA POETICA
Lourdes Gil. *Neumas.*
Gustavo Cardelle. *Reflejos sobre la nieve.*
Esther Utrera. *Mensaje en luces.*
Eugenio Florit. *Versos pequeños (1938-1975).*
Frank Rivera. *Construcciones.*
Marjorie Agosin. *Conchalí.*
Raquel Fundora de Rodríguez Aragón. *El canto del viento.*
Mercedes García-Tudurí. *Andariega de Dios: Tiempo de exilio.*
Ignacio Galbis. *Como el eco de un silencio.*
Ramona Lugo Bryant. *Poemas y cuentos.*
Antonio A. Acosta. *Imágenes.*

SENDA ANTOLOGICA
Alberto Gutiérrez de la Solana. *Rubén Darío: Prosa y Poesía.*
Roberto Gutiérrez Laboy. *Puerto Rico: Tema y motivo en la poesía hispánica.*
Jorge Febles. *Cuentos olvidados de Alfonso Hernández Catá.*
Esther Sánchez-Grey Alba. *Teatro cubano. Tres obras dramáticas de José A. Ramos.*

SENDA DIDACTICA
Alicia E. Portuondo y Greta L. Singer. *Spanish for Social Workers.*

SENDA DRAMÁTICA
Alberto Guigou. *Bruno.*

SENDA BIOGRÁFICA
Anthony M. Gisolfi. *Caudine Country. The Old World and An American Childhood.*
Ann O. Thomson. *And the Girls Saw Europe!*

Y OTROS MUCHOS LIBROS

A Charito
y
 Susana

NOTA PRELIMINAR

Esta colección de ensayos lleva por título *Conciencia y quimera.* ¿Acaso la literatura no está enmarcada en esa disyuntiva? En definitiva lo que ha hecho el hombre en el campo de las letras es, o tratar de entenderse, de penetrar en sus esencias, de encontrar su manera de ser, en fin, de descubrir su identidad; o soñar, alejarse de la realidad, crearse un mundo fantástico, un mundo ideal, que no es más que otra manera de buscarse a sí mismo, de indagar las dimensiones que la razón no encuentra.

Examinan estos ensayos varios escritores pero la constancia temática se hace evidente. Hay en el cubano, en el antillano, en el hispanoamericano en general, porque las comunes presiones geográficas e históricas nos han dado muchos más matices que nos unen, que las diferencias regionales que nos separan, un afán angustioso de encontrar nuestra verdadera esencia como pueblo. Las Antillas, pese a su insularidad y situación geográfica, y México, pese a su cercanía al vecino poderoso y quizás precisamente por ello, han mostrado una permanente preocupación por encontrar esa identidad latinoamericana, que Pedro Herníquez Ureña buscó en nuestra expresión. Ese afán de auto identificación, logra en José Vasconcelos intuiciones muy lúcidas a pesar de sus excesos imaginativos, fija en el pensamiento de José Martí una fe indudable en la potencialidad de nuestros pueblos y trae en Enrique José Varona y Jorge Mañach, una meditada evaluación del enfrentamiento de la América hispana y la sajona, subrayando en estos autores la necesidad que tienen ambos pueblos de analizarse recíprocamente y comprenderse.

Hay una manera de ser hispanoamericana y esto se hace evidente en el estudio de la literatura de nuestros países. Las novelas que en la década del treinta escribe en una isla del Caribe Enrique Labrador Ruiz, preanuncian un movimiento literario que ha dado a Hispanoamérica, en esta segunda mitad del siglo XX, relevancia internacional. El amor por la libertad y el concepto de ésta como intrínseca característica de la vida humana que se hace patente en la obra de los intelectuales de «Nuestra América» y que motiva la lucha que se extiende por más de dos siglos, palpita en los meditados y profundos ensayos de Mercedes García Tudurí, en la cuentística torturante de Matías Montes Huidobro y en ese drama tan lírico escrito en las prisiones de la Cuba contemporánea, por ese poeta saturado de teológicas convicciones que es Jorge Valls. Esta afinidad temática en la preocupación a que ha llamado a sus hijos nuestro sufriente continente, pueda quizás salvar, en cierta medida, esta colección de ensayos —al menos es la esperanza de su autor— de ese desmayo común que caracteriza, al decir de José Martí, a esta clase de libros.

La mayoría de las conferencias y artículos aquí recogidos están inéditos o han sido publicados en la América del Sur. Se concentran en figuras de las letras cubanas, pero también se incluyen algunos estudios sobre representantes de países que integran con Cuba esa parte de la cuenca del Caribe hispano parlante que tan fundamental aportación ha hecho y sigue haciendo a la literatura de Hispanoamérica. Están presentados siguiendo un orden cronológico y en cada uno de ellos se hace constar la fecha de la lectura o la publicación. En los que han visto la luz pública, se señala la correspondiente ficha bibliográfica. El autor desea expresar su agradecimiento a los editores de las respectivas publicaciones.

EL NATURALISMO EN LA
OBRA DE
CARLOS LOVEIRA

TRABAJO PUBLICADO EN
CÍRCULO: REVISTA DE CULTURA,
VOL. IV, AÑO 1974, 106-120.

BREVES IDEAS GENERALES SOBRE EL NATURALISMO Y CARLOS LOVEIRA

Un estudio sobre el naturalismo en la obra de Carlos Loveira debiera requerir un intento de definición de lo que por naturalismo debe entenderse, pero además de lo difícil que siempre resulta determinar las características de toda escuela literaria, en el caso del naturalismo ya Walter Pattison [1] nos ha puesto de manifiesto la imprecisión acerca del concepto que de éste se tenía en el propio siglo XIX.

Se han atribuido como elementos generales del naturalismo, en concordancia con las características de la novela experimental de Zola, una base determinista, es decir la presentación del hombre condicionado en sus acciones tanto en el aspecto biológico como en el social. En el biológico, determinado por la herencia; en el social, por el ambiente. En el primero el naturalismo muestra la influencia de las ideas de Darwin, en el segundo, de las de Comte y Taine. Se trataba de un credo de raíz científica, que conceptuaba al hombre como materia o naturaleza, negando por tanto el espíritu y no aceptando en consecuencia el libre albedrío. En fin, una base ideológica de marcada influencia positivista.

Una segunda característica atribuida al naturalismo es su finalidad mejorativa, pues había cierto relieve de denuncia en la obra de este tipo. Por último, también lo caracterizaba una tendencia a la descripción exacta de la realidad, que lo lleva a lo que se ha llamado la precisión naturalista, sobre todo en cuanto a lo bajo y lo repugnante.

El fenómeno de la imprecisión del concepto del naturalismo se complica porque este movimiento literario francés va a tener en España ciertas características especiales, ya que a pesar de la influencia que ejerció la novelística de Zola, se produjo en la península ibérica una atenuación de ésta. Del Río sostiene que el naturalismo español tomó del francés fundamentalmente la técnica pero no su base científica o filosófica [2] y que fué en definitiva «un naturalismo impreciso, acomodaticio y diluído» [3]. Todo lo expuesto puede explicar en parte, por qué Fernando Alegría [4] condiciona el aceptar o no la existencia del naturalismo en América Hispana a lo que por éste se entienda, ya que para Alegría no existió naturalismo puro en nuestra literatura, aunque reconoció una profunda influencia de tal movimiento, si se tenía un concepto amplio. Torres-Rioseco que estudió el naturalismo como una manifestación del realismo hispanoamericano, subrayó la importancia de éste en su función de denuncia de los males sociales de Hispanoamérica y redujo sus méritos literarios a meras imitaciones de Zola [5].

Para Guillermo Ara [6], el naturalismo hispanoamericano presenta casi todos los aspectos del europeo, o más precisamente, del francés. Así, nos habla de su base ideológica, es decir, de su pretensión cientificista; nos apunta su técnica—de relativa objetividad, la llamada minuciosidad naturalista—planteando las dos direcciones: la del retrato externo y la de su refracción interna y nos señala su objetivo de denuncia. Para Ara, el tono de la novela naturalista hispanoamericana es amargo y pesimista, resultado desde luego de su base ideológica. Los éxitos de sus protagonistas son escasos y relativos, sucumben ante las limitaciones ambientales y biológicas.

Cabe señalar no obstante que la corriente naturalista se mezcla en la novelística hispanoamericana con otras: un realismo integral a lo Galdós y un modernismo que se proyecta según Anderson Imbert y Eugenio Florit [7] hacia el criollismo y el indianismo.

Esta influencia del naturalismo en conjunción con alguna de las otras corrientes, se hace patente en Cuba, en donde existen determinados factores históricos que condicionan el proceso. Nótese que precisamente el fin de siglo contempló el cese de la dominación española en Cuba y el inicio de la nueva centuria, el surgimiento de la república. Como consecuencia, la literatura cubana aparece en esta época extraordinariamente ligada al acaecer político.

En efecto, después del pacto de Zanjón que termina la guerra de los Diez Años (1878), se produce en Cuba un poderoso movimiento literario que encabezan figuras como Martí y Sanguily, saturadas de fe y optimismo por el logro de la independencia cubana. El advenimiento de la república en 1902, transformó muy pronto ese optimismo en un hondo sentimiento de frustración. La nueva república fue escenario de numerosas luchas políticas y no encontró soluciones adecuadas a muchos de los males cubanos. Finalmente la intervención norteamericana en 1906, hizo patente la debilidad de la soberanía de la naciente nación. Como resultado de todo esto, se sustituyó en la clase pensante de Cuba, el primitivo optimismo, por angustia y desilusión, sentimientos que se reflejan muy nítidamente por ejemplo, en la obra de Enrique José Varona.

Quizás esto que queda dicho, justifique en parte el hecho que observa Max Henríquez Ureña de que en Cuba, los escritores «que pertenecían a la primera generación republicana se orientaban resueltamente hacia el naturalismo, siguiendo las huellas de Zola»[8]. El fenómeno es consecuencia desde luego, de diversos factores: uno de ellos, la influencia de las literaturas española y francesa en las letras cubanas, pero es innegable que las circunstancias históricas propiciaron ese auge del naturalismo en Cuba. Así, vemos la aparición, entre otras, de las siguientes novelas: A *Fuego Lento* de Emilio Bobadilla, creada dentro de un marco naturalista; *Las Honradas* y *Las Impuras* de Miguel de Carrión, que siguen los cánones del naturalismo; *Humberto Fabra* de José Antonio Ramos, que exhibe un crudo naturalismo; *La Conjura* de Jesús Castellanos, que nos muestra un idealista que sucumbe ante la realidad social, y las novelas de Carlos Loveira. De este último autor ha dicho Torres-Rioseco: «de todos los escritores hispanoamericanos, Loveira es quizás el que más se acerca a Zola»[9].

La obra de Loveira incluye *Los Inmorales* (1919), *Generales y Doctores* (1920), *Los Ciegos* (1922), *La Última lección* (1924). *Juan Criollo* (1927) y *Hojas de mi vida*, que estaba en preparación cuando murió el 26 de noviembre de 1928. Publicó algunos cuentos en las revistas cubanas de su época: *Social* y *Cuba Contemporánea* y escribió una obra de teatro «El mundo anda revuelto,» que fue producida pero que no ha sido publicada. Anterior y paralelamente a su obra literaria, realiza una labor periodística intensa en favor de los intereses laborales, publicando a ese respecto, un libro durante su estadía en Washington titulado *De los 26 a los 35: Lecciones de la experiencia en la lucha obrera* que como su novelística tiene un notable contenido autobiográfico.

Es Carlos Loveira un verdadero autodidacta, en el que la pasión por la lectura suplió, en cierta medida, la ausencia de una educación formal. Ello quizás explique en parte, ese descuido estilístico que le han atribuido sus críticos. Anderson Imbert y Eugenio Florit, por ejemplo, indican que «su capacidad de observación fue contrarrestada por su incapacidad para componer relatos bien estructurados con personajes bien vistos»[10] y Ripoll que «las novelas de Loveira no podrían nunca servir como modelos del mejor estilo tradicional. Hay en ellas un involuntario desdén por la forma que alguna vez parece conciente y hasta rebuscado»[11]. No obstante, su ferviente imaginación, su capacidad descriptiva, atenúan este desdén formal. El hecho de que muriera a los 46 años, en pleno proceso de superación literaria y que su última novela *Juan Criollo* constituyera un paso adelante en logros formales y serenidad reflexiva, permiten inducir que la muerte frustró empeños más depurados. Pese a sus defectos, Loveira pudo crearse un nombre en el campo de la novelística, no sólo dentro de las fronteras nacionales, sino más allá de ellas. Fue miembro de la Academia de Artes y Letras de Cuba y correspondiente de la Real Academia Española.

Vida y obra en Loveira están íntimamente ligadas. Esta tiene, como toda la crítica ha coincidido en apuntar, un marcado tinte autobiográfico, lo que es fundamental, porque una vida tan plena como la de él permitió saturar de vitalidad su novelística. Algunos de sus personajes literarios recuerdan a su creador: Jacinto Estébanez en *Los Inmorales* e Ignacio García en *Generales y Doctores* reflejan en su niñez, la del novelista; Alfonso Valdés de *Los Ciegos* y el mencionado Estébanez son como Loveira, obreros ferroviarios: Juan Cabrera, el protagonista de *Juan Criollo*, como su autor, es hijo de gallego y cubana, sus madres quedan viudas con el hijo muy pequeño y sucumben en una espantosa miseria. Ambos, personaje y autor, quedan huérfanos de madre a los nueve años. En fin, su vida laboral se hace patente en las luchas sociales que laten en *Los Ciegos* y *Los Inmorales*, y las ideas de frustración e impotencia que vibran en su generación están vigentes en casi todas sus novelas y dan tema fundamental a sus dos mejores obras: *Generales y Doctores* y *Juan Criollo*.

LA CRÍTICA LITERARIA EN RELACIÓN CON EL NATURALISMO DE LOVEIRA

Varios de sus críticos repiten la afirmación de que Loveira es un escritor naturalista, sin embargo salvo las excepciones que apuntaré más adelante, la mayoría de los estudios analizados no se detienen específicamente a justificar tal afirmación y a mostrar en qué medida es valedera.

Eduardo Vives Aguero estudia a Loveira, pero es el hombre enfrascado en sus luchas sociales, el que le interesa, no el creador literario.

Arturo Montori sí realiza un enfoque literario, pero está preocupado por otros propósitos, a saber, el de defender y justificar al novelista de la impugnación de despreocupación formal que se le hacía. A ese efecto señala que «Loveira no es un literato de corte académico, formado en el tibio ambiente de la escuela y el libro, sino más bien un apasionado idealista, forjado en la árdua fragua de la adversidad»[12]. También Montori se muestra interesado en precisar los límites del socialismo de Loveira y evitar que se le incluya como militante de una orientación marxista radical.

Igual preocupación que tuvo Montori en defender a Loveira de la crítica de desaliño formal que se le hacía, exhibe Federico García Gody, quien califica el estilo de Loveira de «fácil, suelto, sin amaneramiento»[13] García reconoce en su prosa cierta crudeza, «demasiado verismo en algunas escenas de voluptuosidad carnal»[14], pero lo justifica reconociendo implícitamente su filiación naturalista, «tales casos, desde su punto de vista artístico, no son ni deben ser censurables»[15].

Carlos Marcial, en su tesis de grado para el Master in Arts, de la Universidad de New York, tampoco se detiene en el naturalismo de Loveira. Nos señala sin embargo, que la descripción del novelista de la bodega del tío Pepe, en *Generales y Doctores,* nos hace reir y no constituye verdadero naturalismo. Creo que en efecto esa descripción tiene una marcada intención satírica. Loveira está criticando la avaricia del tío y se burla de las condiciones ínfimas de la trastienda en que vive el rico comerciante. Aquí hay intención caricaturesca; no hay deseo de captar la realidad sino de deformarla, pero ello no obsta a que en múltiples ocasiones, como se indicará más adelante, el novelista nos brinde escenas de crudeza naturalista.

En el estudio preliminar de Carlos Ripoll, que aparece en la última edición de *Juan Criollo,* pese a su propósito limitado de servir de prólogo y presentación de la obra, Ripoll pone de manifiesto que Josefa Valdés, madre del protagonista principal de la novela, Don Roberto, el jefe de familia que recoge al huérfano, y el propio personaje principal son ejemplos «de la fuerza inexorable del más claro determinismo»[16] Señala Ripoll, que partiendo del punto de vista de que «dentro de la filosofía determinista no puede concebirse la existencia de hechos y realidades que no se presenten perfectamente encadenados»[17] Loveira «resuelve en forma simplista la compleja ecuación humana»[18] y cita al efecto al novelista cuando dice: «un hogar decente, una niñez desahogada y varios años en la Universidad, pueden conducir a un sillon de fiscal; por el solar, la bodega y el canaveral, fácilmente se llega al banquillo de los acusados»[19].

También, aunque sin entrar en posteriores consideraciones, alude Ripoll a la influencia naturalista de Loveira en su tendencia de presentar lo desagradable, cuando señala que «otra particularidad —no ajena a la filiación estética de Loveira— que logra su mejor manifestación en *Juan Criollo,* es la preferencia por lo sórdido del carácter y las costumbres de sus personajes»[20]. Además reconoce Ripoll la presencia del elemento erótico en la obra del novelista. Para él, en Loveira «aparece el impulso erótico como motor primario de la vida»[21].

17

Por último, es de subrayar que Ripoll cree observar en *Juan Criollo* un alejamiento de ese propósito mejorativo que se ha atribuido al naturalismo. A ese efecto dice:

> Ante el esfuerzo infructuoso para modificar el medio, nace en Loveira una marcada inclinación pesimista. En ese aspecto Juan Criollo se aparta algo del enfoque usado en sus anteriores novelas, para eliminar así mucho de la propaganda ingenua tan propia de la escuela naturalista. Parece que al final de su vida, el novelista ya había renunciado a la fácil solución de arreglar al hombre mejorando el medio.[22]

Creo acertada esta opinión de Ripoll, pues un análisis de las novelas de Loveira, parece corroborarla. En efecto, a pesar de que Jacinto Estébanez en *Los Inmorales,* sucumba ante la hipocrecía social y la inmoralidad del ambiente; que Ricardo Calderería en *Los Ciegos*, nos muestre una personalidad que en ocasiones lo haga abanderado de las ideas de Loveira y en otras, reaccionando como patrono y padre, oponerse a ellas; que en *Generales y Doctores,* Ignacio García, después de un debate parlamentario, salga a la calle para encontrar que la gente que él estaba defendiendo había cesado en sus demostraciones públicas porque era «noche de frontón»[23] y que ya al final de la novela, desilusionado por la vida pública, la califique de un «arremeter contra los molinos de viento y un machacar de malandrines y follones»[24], a pesar de todo ello, repito, vibra en esas novelas por encima de esas nubes pesimistas, un cierto optimismo del autor. Loveira en ellas tiene la «esperanza puesta en las nuevas fuerzas que ya germinan en fatal subordinación al determinismo de las cosas. Soy optimista por el pueblo»[25].

Por el contrario en *Juan Criollo*, las nubes pesimistas son más densas. En el panfleto «A tiro limpio» de Juan Cabrera, late la angustia del autor, él es de los que «lloran y enloquecen con el dolor de la impotencia»[26]. La claudicación del protagonista es un renunciar a la lucha. Creo pues, que Ripoll ha acertado al encontrar que Loveira se aparta un poco en *Juan Criollo* del optimismo implícito en la finalidad mejorativa de la novela naturalista. Hay, sin lugar a dudas, denuncia social en esta novela, pero hay una diferencia de matiz. Loveira en *Juan Criollo,* es menos militante.

En *Indagación y Crítica,* Ciro Espinosa nos pone de manifiesto escenas de subido naturalismo en *Los Ciegos,* como son las citas textuales que hace de la descripción de la fonda del ingenio y la de un bohío, sin embargo nos califica estas escenas de «realismo denso y grávido»[27]. Aunque indica características en la obra de Loveira que pueden calificarse de influencia naturalista, se detiene siempre ante tal calificación. En ocasiones parece perder el mensaje de Loveira, como cuando hablando de *Los Ciegos*, duda de la consistencia de la personalidad del protagonista, cuyas lecturas—dice—«prometían en concordancia con su talento natural, la integración de un carácter capaz de integrar un clima propicio»[28]. Es verdad que más adelante reconoce como de pasada, «que no pudo sustraerse a una especie de conjura fatalista que le envolvía y dominaba»[29], pero en general, Espinosa parece desconocer la filiación naturalista de este autor. Su sentido crítico lo lleva a subrayar algunos matices, pero no indica su procedencia.

En su discurso de contestación al de ingreso de Loveira, en la Academia Nacional de Artes y Letras de Cuba, el Dr. Ramón A. Catalá, hace un estudio del novelista, en el que al igual que Espinosa, pone de manifiesto algunas características naturalistas de Loveira, sin mencionarlas como tal. Aunque ante *Los Inmorales,* Catalá parece dudar del propósito del autor: «no sabemos si se pone al lado de los inmorales o si sólo ofrece el caso a la consideración de la sociedad»[30], enjuiciando *Generales y Doctores*, reconoce que en ella, «surge la tésis con más firme relieve. Evidentemente el autor quiere purificar el ambiente político de Cuba y en presencia del cuadro sombrío que contempla, aspira a regenerarlo y para conseguirlo nos pone ante los ojos una pintura goyesca de nuestros males y desventuras»[31]. Aquí está patente el reconocimiento por Catalá, del carácter de denuncia (documento sociológico) de la novela de Loveira, con su implícita finalidad mejorativa y del planteamiento que hace el novelista de la realidad, con todo lo desagradable que ella contenga.

Para Guillermo Ara, aunque la obra de Loveira está cargada de intenciones sociales, políticas y regionalistas, representa «el auge y el tardío desarrollo de una influencia duradera: la que ejercieron Bourget, Zola y Max Nordeau»[32].

CONSIDERACIONES ACERCA DEL NATURALISMO EN LA OBRA DE LOVEIRA

Es evidente que las novelas de Loveira tienen una base determinista. Loveira no sólo nos presenta a sus personajes condicionados por su herencia y ambiente, sino que nos lo subraya y hasta dialoga con el lector sobre ello. Por ejemplo, cuando nos presenta a la madre del protagonista en *Juan Criollo,* cayendo en el amancebamiento para poder subsistir, nos habla irónicamente del libre albedrío y de la opción del bien y del mal[33]. El determinismo es una constante en la novelística de Loveira, así, en el propio *Juan Criollo* afirma «Don Roberto no había sido bueno ni malo. Muchas de sus maldades eran hijas de las costumbres de la época y su medio ambiente»[34] y más adelante indica, hablando de una experiencia de Juan Cabrera, que era «comprobadora del determinismo que maneja a los fantoches humanos y su escenario del mundo, burlándose de morales y religiones»[35]. Loveira está presentando la conducta de todos sus personajes a la luz de las ideas deterministas: «Él era así con mayores motivos que otros cubanos. No habían sembrado en su espíritu otras semillas morales»[36]. En fin, Juan Cabrera sigue el camino trazado: «por ese camino lo empujó el azar de su origen, de su educación, de su desvalidez en el mundo»[37] Loveira llega a repetirse pero no deja de subrayar en toda oportunidad sus ideas deterministas.

En *Generales y Doctores*, está también presente la carga determinista: «unos vienen a buscar pan, por vilipendiado que sea, y otros a rompernos la crisma con los molinos de viento»[38] y casi inmediatamente agrega «no sé si con todo y que usted es doctor, sabe lo que es determinismo»[39].

En casi todas sus novelas: *Los Inmorales, Los Ciegos, Juan Criollo* y *Generales y Doctores,* presenta al final de la obra al protagonista, generalizando sobre sus ideas y tratando de acabar de convencer al lector que, a pesar de la lectura de una novela tan orientada ideológicamente, todavía no esté del todo convencido.

Toda la base científica materialista del naturalismo está presente en la novelística de Loveira. Baste sólo unas cuantas citas para demostrarlo, además de las ya apuntadas. Para Loveira «el amor, en su última esencia, no es más que atracción sexual. Lo demás es poesía, novelismo, contagiosa literatura de civilizados»[40]. El novelista cubano no pierde ocasión de presentarnos situaciones en que la naturaleza se impone a las, para él supuestas, reacciones espirituales. Así, en *Generales y Doctores*, al llanto que derrama el huérfano cuando llega acompañado de su madre a casa de sus abuelos, al recordar la pérdida de su padre, sigue, casi brutalmente el llamado de la naturaleza, «se me despertó un apetito incontenible, el apetito propio de quien ha pasado un día de ajetreo y ayuno, y comí franca, golosa, muchacherilmente»[40]. Loveira subraya el contraste, por una parte el joven Ignacio, turbado por la belleza de una vecina adolescente, vibrando ante el despertar de su primera pasión, y de la otra, su familia entristecida pensando «que el recuerdo fe mi padre aún me apenaba mucho»[42].

Loveira presenta a muchos de sus personajes cargados de erotismo y en casi todas sus novelas nos brinda escenas marcadas con fuertes tintes de voluptuosidad. Amor muy sensual es el que une a Jacinto Estébanez y Elena en *Los Inmorales* y en esta novela como en *Los Ciegos*, con Ricardo Caldarería y Clara, el protagonista, llevado por el imperativo de sus impulsos vitales, rompe de hecho el matrimonio y se une a la amante deseada. En *Juan Criollo*, el personaje principal muestra el despertar de su erotismo, en los juegos sensuales que casi siendo un niño, tiene con una nieta de Don Roberto. Después, castigado por ello y enviado a la finca, lo vemos seducir a una joven campesina, huir cuando sabe que va a ser padre, convertirse en amante de una prostituta en Méjico, casarse sin amor, sólo por imperativo biológico en ese país, y después, al regresar a Cuba, sin haberse divorciado, casarse de nuevo, llevado por la atracción sexual que sentía por su compañera de trabajo Julita. En *Generales y Doctores*, el elemento erótico también está presente, en la relación de Ignacio y Susana, aunque un poco más idealizado.

Loveira en ocasiones muestra su irreligiosidad, no sólo en su defensa del determinismo, como se ha señalado previamente, sino también, por ejemplo cuando dice: «¡Huérfano! La mejor prueba que el mito cristiano no debíase a inspiración divina, hallábase en el error de haber matado a Cristo, en vez de quitarle los padres cuando era niño. ¡El bobo de Herodes!»[13]

Es verdad que muchas de estas frases son dichas por sus personajes y no por Loveira, pero no hay duda que representan su visión del mundo, pues en ocasiones es el propio narrador el que hace especulaciones al efecto. En general toda su obra está tan cargada de esa ideología, a veces con perjuicio de su valor literario, que resultaría agotadora y monótona la tarea de señalar todas las específicas alusiones ideológicas.

También es evidente en la obra de Loveira, la finalidad mejorativa aludida previamente. Hay en su novelística una denuncia de ciertos males que sufrió la naciente república cubana. En *Juan Criollo* por ejemplo, aludiendo al advenimiento de la república, afirma: «La realidad comenzó a aguar alegrías y optimismos...en tanto que aumentaban día a día, los aspirantes a empleos...a la hora del cierre de las oficinas, salía de cada una de ellas medio centenar de desesperados que fiaban su suerte a la tarjeta o carta de recomendación, de compromiso arrancada a un general o coronel»[14]. Esta actitud de denuncia es una constante en la obra de Loveira y está íntimamente ligada a la temática de *Generales y Doctores* y *Juan Criollo*, aunque también se muestra en *Los Inmorales* y *Los Ciegos*.

En cuanto a la llamada precisión naturalista, encontramos en la novela de Loveira abundante prueba corroborativa de esa influencia. Ejemplo del regodeo ante lo desagradable, lo tenemos en *Juan Criollo*, en la descripción de la enfermedad del padre de Juan, herido de muerte por una tuberculosis que lo destruye y que culmina en el «ataud negro y miserable, con setenta libras de hueso y pellejos»[15].

En *Generales y Doctores,* aprovecha la referencia a la guerra de emancipación cubana para narrarnos escenas de la crueldad que se manifiesta en todo conflicto bélico. Loveira trata de impresionar al lector con sus cuadros dotados de gran crudeza, en donde hace patente su capacidad de observación. Los barrios más pobres, los centros de vicio y corrupción aparecen siempre en sus novelas, donde quiera que éstas se desarrollen, ya sea en Méjico, en Cuba o en la América Central.

En definitiva, que como se ha pretendido demostrar, es indudable la influencia del naturalismo en las novelas de este autor, que no sólo utiliza muchas de las técnicas literarias de este movimiento, sino que hace patente un sustrato ideológico en toda su novelística que se relaciona íntimamente con las ideas naturalistas.

NOTAS

1. Walter Thomas Pattison, *El naturalismo español,* Historia externa de un movimiento literario, Madrid, Gredos, 1965, 9.
2. Angel Del Río, *Historia de la literatura española,* Edición Revisada, New York, Holt, Rinehart and Winston, 1963, Vol. II, 210.
3. *Ibid.,* 211.
4. Fernando Alegría, *Historia de la novela hispanoamericana,* 3ra. edición, México, Ediciones de Andrea, 1966, 87.
5. Arturo Torres Rioseco, *Nueva historia de la gran literatura Iberoamericana,* 5ta. edición, Buenos Aires, Emece, 1964, 177.
6. Guillermo Ara, *La novela naturalista en hispanoamérica,* Editorial Universitaria de Buenos Aires, 1965, 8-10.
7. Enrique Anderson Imbert y Eugenio Florit, *Historia de la literatura hispanoamericana.* 5ta. edición, México, Fondo de Cultura Económica, 1966, Vol. I, 416.
8. Max Henriquez Ureña, *Panorama histórico de la literatura cubana,* New York, Las Americas Publishing Co., 1963, Vol. II, 336.
9. Arturo Torres Rioseco, Op. Cit., 181.
10. Enrique Anderson Imbert y Eugenio Florit, *Op. Cit.,* 421.
11. Carlos Ripoll, Estudio Preliminar en Carlos Loveira, *Juan Criollo,* New York, Las Americas Publishing Co., 1964, XIII.

12. Arturo Montori, «Las novelas de Carlos Loveira», *Cuba Contemporánea*, La Habana, 1922, Tomo 30, 213.
13. Federico García Gody, «Carlos Loveira», *Letras,* Santo Domingo, 1919, 25.
14. *Ibid.*
15. *Ibid.*
16. Carlos Ripoll, *Op. Cit.,* XV.
17. *Ibid.,* XV-XVI.
18. *Ibid.,* XVI.
19. Carlos Loveira, *Juan Criollo,* 426.
20. Carlos Ripoll, *Op. Cit.,* XVIII.
21. *Ibid.*
22. *Ibid.,* XVI.
23. Carlos Loveira, *Generales y Doctores,* (Sharla M. Bryant y J. Reis Owre, editores), New York, Oxford University Press, 1965, 250.
24. *Ibid.,* 251.
25. *Ibid.,* 252.
26. Carlos Loveira, *Juan Criollo,* 435.
27. Ciro Espinosa, *Carlos Loveira; Indagación y Crítica,* Novelistas Cubanos, La Habana, Cultural SA, 1940, 108.
28. *Ibid.,* 51.
29. *Ibid.,* 52.
30. Ramón Catalá, «Carlos Loveira, Divagaciones sobre la Novela». *Anales de la Academia Nacional de Artes y Letras,* Cuba, 1926, 51.
31. *Ibid.,* 52.
32. Guillermo Ara, *Op. Cit.,* 67.
33. Carlos Loveira, *Juan Criollo,* 32.
34. *Ibid.,* 213.
35. *Ibid.,* 307.
36. *Ibid.,* 320.
37. *Ibid.,* 339.
38. Carlos Loveira, *Generales y Doctores,* 207.
39. *Ibid.*
40. Carlos Loveira, *Juan Criollo,* 138.
41. Carlos Loveira, *Generales y Doctores,* 35.
42. *Ibid.,* 41.
43. Carlos Loveira, *Juan Criollo,* 393.
44. *Ibid.,* 353.
45. *Ibid.,* 24-30.

JULIÁN DEL CASAL A LA LUZ DE LA CRÍTICA DE ENRIQUE JOSÉ VARONA

CONFERENCIA LEÍDA EL 31 DE MARZO DE 1977 EN LA UNIVERSIDAD DE LA FLORIDA, GAINESVILLE, EN EL XVIII CONGRESO DEL INSTITUTO INTERNACIONAL DE LITERATURA IBERO-AMERICANA.

Enrique José Varona dedicó a Julián del Casal tres artículos que vieron la luz en la prestigiosa *Revista Cubana* que el crítico dirigiera.

El primero es de 1890[1] y se produce como resultado de la publicación del primer libro de Casal *Hojas al viento,* el segundo lo escribe dos años más tarde al publicarse la siguiente obra de aquél, *Nieve,*[2] y el tercero, en 1893, en ocasión de la muerte prematura del poeta[3].

Estos estudios son de gran importancia en la historia de la crítica casaliana no sólo por la trascendencia que el mensaje de reconocimiento a la obra del naciente poeta pudo producir, dado el prestigio intelectual que disfrutaba Varona en Cuba, sino también porque en esta evaluación crítica el exégeta va definiendo algunas influencias vigentes en la obra poética de Casal.

En el artículo sobre *Hojas al viento,* comienza el crítico cubano por hacer una distinción a la que aludió en más de una ocasión: la diferente perspectiva desde la que se asoma a una obra el crítico y el mero lector. Explicando el punto de vista de aquél, Varona indica que el crítico necesita conocer, indagar o suponer las relaciones entre el autor y su medio para alcanzar las relaciones entre el autor y su obra. En otras palabras, se enfrenta al libro que va a estudiar desde la perspectiva positivista, que tanto condiciona su obra crítica.

Inmediatamente Varona califica esa obra casaliana como «producto singular de un talento muy real y de un medio completamente artificial»[4]. Es decir, reconoce de entrada el genio poético de Casal y subraya el hecho de que su obra refleja, más que la realidad ambiental, un medio creado de una manera muy subjetiva, medio en que la influencia libresca es la determinante. Véase el uso del adverbio «completamente» con que modifica al adjetivo «artificial».

Varona explica esa afirmación, siempre en el contexto positivista, aclarando que el medio es «el conjunto de influencias externas —reales o ideales— que obran sobre el espíritu del artista, lo impresionan y lo inducen a producir»[5] pero distingue entre aquéllos en «quienes las influencias reales ejercen incontestable predominio»[6] y «quienes son tan sensibles a los ideales, que éstos constituyen en buena parte su mundo verdadero»[7]. Partiendo cada artista de su realidad ambiental, una objetiva y otra subjetiva, procede éste a la creación de su obra. Nuestro crítico apunta que el segundo tipo de escritores

27

puede abundar en épocas de gran cultura, porque, como explica, «la variedad prodigiosa, el refinamiento y la sutileza de las ideas forma una especie de atmósfera mental para los espíritus elevados»[8]. A esto —sigue el crítico— se une el fenómeno del poder determinante que en ciertos temperamentos psicológicos tienen los signos verbales, los que producen en ese tipo de personas casi sensaciones de la realidad. Es decir, existen seres, plantea Varona, en los que el influjo de la lectura puede llegar a equilibrar y hasta vencer las influencias de las circunstancias externas.

Partiendo de estos supuestos, Varona señala que no era difícil aceptar que un joven de temperamento artístico exquisito como Julián del Casal, que se encontraba aislado y como perdido en una sociedad que no realiza sino imperfectamente su concepción de la vida o sus aspiraciones poéticas[9], tenga que refugiarse más o menos conscientemente en el mundo ideal que le forman sus libros favoritos, derive de él sus emociones más refinadas y se las devuelva tamizadas por sus versos»[10]. Varona, debemos subrayar, está reconociendo la necesidad de evasión de Julián del Casal destacando además, en su favor, de que a pesar de que el procedimiento que éste había escogido solía producir obras muy endebles, las de Casal eran vigorosas, que nada tenían de ficticias. Eran, según sus palabras, «flores de invernadero que muestran a veces la frescura de las flores de los prados»[11].

A continuación Varona precisa que la sociedad de la Habana bajo el régimen colonial, que era donde el poeta se desenvolvía, estaba condenada a la imitación y por tanto las condiciones que rodeaban a Casal para que éste lograra una genuina originalidad artística eran bastante negativas. El crítico positivista mostraba bien a las claras su desdén por la imitación servil a lo extranjero y llamaba plantas del todo exóticas en las letras cubanas, el «mundanismo, la literatura decadente y otras preciosidades y melindres sociales que pululan en los salones selectos y semiselectos de París»[12]. Este ambiente de pobreza cultural en que se encontraba Cuba y de predominio de las ideas decadentes francesas en ciertos sectores de la sociedad habanera, irritaba a Varona por muchas y variadas razones. El amor a su patria, que siempre lo caracterizó, le hacía rebelarse contra el abandono cultural que sometía la metrópoli a Cuba, además de que Varona nunca había sido partidario del idealismo en el arte, por tanto, el crítico no podía aceptar el decadentismo y menos su trasplante a tierras de América. Pero, pese a ello, con su gran penetración crítica, vio en Casal un talento poderoso capaz de «poner el sello de sentimientos propios en composiciones escritas en condiciones tan desventajosas»[13]. Varona vio en *Hojas al viento* un triunfo de Casal pese a las condiciones ambientales y a lo que, desde su perspectiva, era un factor negativo, la influencia del movimiento decadentista en el destacado poeta, pues para Varona, ese trasplante geográfico hace que el decadentismo, al atravesar el Atlántico, perdiera su carácter representativo de la sociedad que lo producía. Varona vio en Casal muchos aspectos positivos: subrayó la frescura de inspiración y la intensidad de sentimientos que se hacen patentes cuando cantaba a sus amores ideales; la elegancia en la forma de sus versos; sus logros en la plasmación de imágenes que veía destacarse porque eran claras y completas y porque tenían su germen en la fantasía del poeta, de la que decía que era vivaz y espontánea. A ello unía Casal, según Varona, una sensibilidad de espíritu y un gran temperamento artístico.

En el aspecto negativo, en este primer artículo, Varona reprochaba a Casal sus tendencias exóticas. Nuestro crítico, influido excesivamente, en mi opinión, por las limitaciones exegéticas que conllevaban la perspectiva positivista, imputaba a Casal que en su espíritu flotaban visiones que en nada tenían que ver con nuestra vida pasada. Es decir, que para Varona la influencia en Casal de sus lecturas era determinante. Así, el eminente crítico cubano enumeraba como visiones exóticas de la obra casaliana «trovadores, vagabundos y castellanos melancólicos, jaurías y monteros; góndolas azules y pajes efebos; conventos en ruinas y monjes sombríos»[14] a los que se unían «pastorcillos rubios bajo el sol tropical o a la sombra de los plátanos rumorosos»[15] pero es innegable que la poesía casaliana además reflejaba la vida pasada del poeta y la de su pueblo y Varona no lo supo reconocer así.

Varona insiste en que ese exotismo se manifiesta en la elección de ciertos motivos poéticos como el de «La canción de la morfina», en el tratamiento de la especie de hetaira que inspiró «Post Umbra» y hasta generaliza al afirmar que también se hacía patente en la manera general del poeta. Sin embargo, pese a esos reparos, el ensayo terminaba subrayando los aspectos positivos de la obra casaliana a que hemos aludido previamente.

En el segundo artículo mencionado, el de 1894, que se tituló «*Nieve*, por Julián del Casal», vuelve a mostrar su posición un tanto ambivalente ante Casal: su penetración crítica y su serenidad reflexiva le dictan su reconocimiento al destacado poeta, su perspectiva positivista le atrae la atención hacia ciertos aspectos del idealismo artístico del poeta.

De nuevo Varona destaca en Casal, como aspectos dignos de encomio: su notable imaginación pictórica; su sensibilidad profunda que se hace contagiosa; su carácter original que se revela espontáneamente en sus asuntos y en dicción y el hecho de que sea un genuino escritor, es decir, que sea de los que ponen sello a lo que escribe.

Así, subraya aquí Varona aspectos de la obra poética de Casal de los que ya se había hecho eco en el primer artículo publicado dos años antes. Destaca de nuevo su criterio favorable a la sensibilidad casaliana y a su elegancia formal. Reconoce el éxito que ha tenido la publicación de la segunda obra de Casal, éxito que había traspasado las fronteras nacionales. Dice así Varona:

> Por eso resultó aún más digno de notar el éxito incontestable de la nueva colección del poeta de las *Hojas al viento*. El aplauso ha sido general, y ha resonado a lo lejos, fuera de la Isla. Ha habido reservas, ¿cómo no? pero ha prevalecido la aprobación.[16]

Este triunfo casaliano obedece, según Varona, a los aspectos positivos de Casal a que acabamos de referirnos pero tiene desde una perspectiva histórica una mayor importancia pues surge, en la opinión de nuestro crítico, en una época cubana en que la publicación de un libro de poesía no producía repercusiones tan extraordinarias. Es decir, para Varona era un mérito innegable del libro *Nieve* de Casal, y no de poca importancia, el hecho de que su publicación hubiera tenido tanta trascendencia. Varona, pues, fue un admirador de Casal y con su prestigio de gran figura de la cultura cubana, ayudó al reconocimiento general y súbito que disfrutó el poeta.

Pese a todo esto, volvió a señalar los aspectos negativos de Casal que creyó ver ya en *Hojas al viento* y que encontró de nuevo en *Nieve*. Nuestro crítico recomienda a Casal específicamente «hojear menos a Verlaine, Aicard, Moreas y demás poetas menores de las escuelas decadente y simbolista y consultar más su corazón y su oído»[17] y agrega más adelante, siguiendo ese plano de recomendaciones, «evitar el terrible escollo hacia el cual parece desviarse, el amaneramiento»[18]. Claro que aquí Varona era congruente con la actitud que siempre adoptó en relación con el decadentismo, es decir, su reprobación del amaneramiento decadentista, su crítica a lo que él llamó las oscuridades y trivialidades en que incurrían. Bastaría sólo recordar su estudio sobre Verlaine[19], cosa que no estudiaremos aquí porque escaparía a la naturaleza de este trabajo, para comprender que el crítico refleja ante la obra de Casal la misma actitud que tuvo frente al movimiento decadentista.

Varona impugnó el afán de Casal de usar voces exóticas y del empleo que hizo de la técnica enumerativa. Es decir, lo estuvo previniendo de la tendencia hacia la oscuridad y la vaguedad que también impugnaría en Verlaine. Es de destacar además la reacción negativa de Varona ante el tan citado poema de Casal «Hurridum sonmiun» en el que como se sabe, el poeta describe por medio de un sueño la putrefacción de su propio cadáver, siguiendo, desde luego, la influencia de Baudelaire. Varona aclara a Casal que no debe tomar esta impugnación como remilgo de humanista a la antigua, ya que en los clásicos él había aprendido a llamar las cosas por su nombre, sin embargo hace esta salvedad:

> Pero hay un límite que no debe salvar ningún artista y que ha marcado con singular penetración el psicólogo Bain cuando ha dicho que la verdadera antítesis de lo bello no es lo feo, sino lo nauseabundo»[20].

Varona también impugna en Casal cierta tendencia hacia el orientalismo aunque precisa muy agudamente las razones que fundamentan y justifican ese afán de evasión casi obsesivo en Casal. «El poeta, hastiado de nuestra vida prosaica de factoría americana, se escapa a las regiones soñadas del Oriente remoto»[21]. Recientemente el profesor Luis A. Jiménez[22] ha traído a colación esta frase de Varona al estudiar las razones por las cuales Casal se adentraba en el orientalismo.

De menor importancia que estos dos trabajos señalados, por su extensión y alcance, es la nota, ya aludida, de carácter necrológico que escribiera en la *Revista Cubana* en 1893 en la que Varona reitera las cualidades que había admirado en el poeta y explica la dolorosa significación que para la cultura cubana tenía su desaparición.

Varona siempre admiró las cualidades líricas de Casal aunque impugnó en su poesía determinadas tendencias que consideraba que provenían de la gran influencia decadente que creía ver en su obra y que eran las inclinaciones de Casal hacia el amaneramiento, el exotismo, la oscuridad, la trivialidad y el gusto a lo nauseabundo. Pese a ello, Varona, reiteramos, fue de los primeros críticos cubanos en reconocer la grandeza poética de Casal y esto, dado el gran prestigio del mismo, constituyó un factor muy positivo a la creciente aceptación de los méritos del poeta.

NOTAS

1. Enrique José Varona. «Sobre *Hojas al viento,* por Julián del Casal». *Revista*

Cubana, Tomo XI, 1890, 473-477. Este artículo apareció reproducido en *La Habana Elegante,* el 1° de junio de 1890, y en el libro *Prosas,* de Julián del Casal, editado en la Habana en 1963. Todas las referencias a este artículo se hacen por esta última edición citada.
2. Enrique José Varona. «*Nieve,* por Julián del Casal». *Revista Cubana,* tomo XVI, 1892, 142-146.
3. Enrique José Varona. «Julián del Casal». *Revista Cubana,* tomo XVIII, 1893, 340-341.
4. Enrique José Varona. «Hojas al viento», 26.
5. *Ibid.,* 26.
6. *Ibid.,* 26.
7. *Ibid.*
8. *Ibid.,* 27.
9. *Ibid.*
10. *Ibid.*
11. *Ibid.*
12. *Ibid.*
13. *Ibid.,* 28.
14. *Ibid.*
15. *Ibid.*
16. Enrique José Varona. «*Nieve* por Julián del Casal», 142.
17. *Ibid.,* 143.
18. *Ibid.*
19. Enrique José Varona. «Genio y miseria». *Violetas y ortigas.* Obras de Enrique José Varona. Edición Oficial. La Habana, 1938, 53-56.
20. Enrique José Varona. «*Nieve* por Julián del Casal», 144.
21. *Ibid.,* 145.
22. Luis A. Jiménez. «Elementos decadentes en la prosa casaliana». Esperanza Figueroa, Julio Hernández-Miyares, Luis A. Jiménez y Gladys Zaldívar. *Julián del Casal. Estudios críticos sobre su obra.* Ediciones Universal. Miami, 1974, 105.

DIMENSIÓN HISTÓRICA DE ENRIQUE JOSÉ VARONA

CONFERENCIA DE APERTURA DE LA SEMANA MARTIANA ORGANIZADA POR LOS ESTUDIANTES CUBANOS DE SAINT PETER'S COLLEGE, JERSEY CITY, NEW JERSEY, EN COOPERACIÓN CON LA UNIÓN DE CUBANOS EN EL EXILIO (U.C.E.), EN HOMENAJE A JOSÉ MARTÍ AL CELEBRARSE EL SIGLO Y CUARTO DE SU NATALICIO. FUE LEÍDA EN «POPE LECTURE HALL» DE DICHO CENTRO UNIVERSITARIO, LA NOCHE DEL 23 DE ENERO DE 1978.

De todas las múltiples facetas que caracterizaron a Enrique José Varona, es decir, el filósofo, el literato, el poeta, el ensayista, el crítico, el gramático, el patriota, el sociólogo, el político y el educador, es el patriota la faceta varoniana que vamos a analizar. Claro que de todas ellas hablaremos aunque sea brevemente y en algunas, íntimamente ligadas con la condición de patriota de Varona como el sociólogo, el político y el educador, nos detendremos un poco más extensamente.

Varona nació en 1849, es decir, casi en la línea divisoria entre las dos mitades del siglo XIX. Félix Lizaso[1] ha estudiado muy nítidamente la distinción entre esas dos etapas y la importancia que en general tiene el siglo XIX en la formación de la nacionalidad cubana. La primera mitad es la de los iniciadores y primeros mártires y se caracteriza por la aparición de los forjadores iniciales de la conciencia cubana, de aquellos pensadores que buscan establecer las raíces de nuestra nacionalidad: El Padre José Agustín y Caballero en los inicios del siglo, Félix Varela Morales, José de la Luz y Caballero. La segunda mitad se caracteriza por las guerras de independencia y por la prédica evangélica de José Martí. En ella se forja ya definitivamente la nacionalidad cubana.

Varona nació en 1849 y Martí en 1853. Apenas cuatro años separan el nacimiento de estas dos grandes figuras de la historia de Cuba. Hombres de diferente extracción familiar y social; de diferentes perspectivas filosóficas y literarias, pero sin embargo unidos por el entrañable amor a la Patria.[2] Uno de los más sustanciales estudios que se ha hecho sobre José Martí lo hizo Enrique José Varona en 1896 a los pocos meses de la muerte del Apóstol en Dos Rios.[3] No hubo quien penetrara más profundamente el amor que unía a Varona a la patria cubana, que José Martí. Este señalaba en 1887 en *El Economista Americano* de New York acerca de las conferencias que Varona estaba dictando en la Habana bajo la mirada de los funcionarios del régimen colonial:

«Habla el cubano Varona una admirable lengua, no como otros acicalada y lechuguina sino de aquella robustez que nace de la lozanía y salud del pensamiento.. Vuela su prosa cuando la levanta la indignación con la tajante y serena ala del águila. Globos bruñidos parecen sus párrafos. La contínua nobleza de su idea le da a su lenguaje y es su realce mayor, la santa angustia con que compuesta en la mente la imágen cabal del mundo libre y armonioso ve a su pueblo, como Krazinski al suyo, padecer un régimen que lo injuria como un ente maldito y deforme. Las llamas son la lengua natural en desdicha semejante, su belleza y su fuego tienen los párrafos de Varona en este estudio artístico y ferviente.»[4]

Nació Varona, en Camagüey. Provenía de una aristocrática familia camagüeyana. Realizó sus estudios primarios en las escuelas de los Padres Escolapios en la propia ciudad de Camagüey. Efectuó estudios secundarios en el Instituto de Matanzas. Sin embargo su formación fundamental es de carácter autodidáctico. Varona tuvo acceso a la bien provista biblioteca familiar y también a las bibliotecas de los amigos de su padre. Éste, hombre profesional, de ideas liberales, abrió a Varona toda su biblioteca y el joven estudioso por un proceso de autodidactismo que le nacía de una urgencia interna por el afán de conocimiento, fue adquiriendo una cultura extraordinaria. Sus obras, sus escritos, sus trabajos, de temprana juventud, asombran por la erudición que los mismos contienen. Muy joven escribió sus famosos ensayos de literatura comparada en los que por ejemplo estudia *Los Menecmos de Plauto* y analiza sus recreaciones en diferentes literaturas, evalúa el personaje bíblico Caín en la moderna y llega hasta el *Caín* de Byron analizando sobre este aspecto la italiana, francesa e inglesa. También estudia por ejemplo, *La Escuela de los Maridos* de Moliere y *El marido hace mujer* de Antonio de Mendoza en otro magnífico trabajo de literatura comparada. Cuando se lee de la «juventud provinciana» de Varona hay que hacer la salvedad que Camagüey era una ciudad de gran riqueza bibliográfica pues fue en esa provincia, y sin salir prácticamente de ella, en la que Varona adquiere una profunda erudición, erudición que se hace patente por ejemplo en sus famosos estudios lexicológicos y gramaticales en los que demuestra su profundo conocimiento del griego y del latín, lenguas que había estudiado en las Escuelas Pías y después con preceptores particulares, incluso con su propio padre que le brindó ayuda—según el propio Varona dice—en sus estudios de latín.

Varona reconoció que las lecturas que atrajeron su mayor atención durante su temprana juventud fueron las románticas y la literatura española del Siglo de Oro. El Romanticismo, sobre todo en las fuentes españolas y francesas, lo atrajo extraordinariamente. En un estudio sobre Víctor Hugo, Varona analiza el romanticismo no ya como movimiento literario sino como movimiento intelectual e ideológico y en crítico trabajo da a sus intérpretes la clave de su amor por la libertad. Con la lectura de fuentes románticas surge en Varona ese profundo amor, que para él es el fundamento de la dignidad humana. Mantuvo en toda ocasión un gran respeto y una gran dedicación a la defensa de la dignidad humana. Sus trabajos demuestran extraordinariamente, siempre esta actitud. Ahí está su defensa del indio. Varona es un precursor del indigenismo, ese movimiento que llamó la atención a tantas figuras de relieve en la literatura hispanoamericana del siglo XX. Baste citar Manuel González Prada, por ejemplo, o esos estudios memorables de Pedro Henríquez Ureña o de Carlos Mariátegui. También fue un defensor del esclavo africano y un impugnador del sistema esclavista. Le echó siempre en cara al régimen español la explotación despiadada que hacía del negro africano; y le imputó a los Estados Unidos la contradicción extraordinaria que era su Constitución representativa del gran proceso revolucionario del mundo en contraste con la esclavitud horrible que permitía que a ciertos sectores de su población no se les respetara su dignidad humana. Es por todo esto, por la influencia de sus vastas lecturas, por este ambiente ideológico, por lo que este muchacho —tenía solamente diecinueve años—, a pesar de ser un joven tímido, estudioso, miope, que prácticamente había pasado toda su adolescencia y su temprana juventud metido en la biblioteca de su padre y en las de sus amigos, salió de su claustro erudito, oyó el llamado de la Patria y fue al campamento mambí de Las Clavellinas en noviembre de 1868, apenas unos meses de iniciada la Guerra de los Diez Años. Se presentó al campamento insurrecto con un libro cervantino bajo el brazo: *El viaje del Parnaso*. Subrayo este hecho de que fuera al campo rebelde en plena manigua con un libro cervantino porque demuestra bien a las claras en este gesto, la presencia en Varona de dos grandes amores que siempre lo acompañaron: el amor a la Patria y el amor a la literatura.

    El cambio fue demasiado brusco, de la vida apacible, de la vida callada, serena, tranquila de la biblioteca familiar, de la lectura de las grandes figuras del Renacimiento, de su diario contacto con la literatura clásica, a la vida azarosa y dura de la manigua. El contraste fue tan extraordinario que produjo que Varona se enfermara. Regresó a Camagüey, al hogar, a la protección de la familia. Mucho se ha especulado sobre el regreso de Varona. Algunos, como Félix Lizaso,[5] por ejemplo, han dicho que quizás comprendió que él podía ser más útil a Cuba siguiendo su formación intelectual que participando en la gesta, en la campaña bélica. Miguel Angel Carbonell ha señalado que: «acaso dudó de la eficacia de los medios puestos en acción o no creyó justificado apelar a la violencia antes de buscar por la razón soluciones de orden».⁶ Todo ha quedado en el campo especulativo; nunca dijo los motivos que determinaron su regreso. Poco tiempo después, posiblemente bajo presiones de familiares que temían que se produjera contra él una reacción del gobierno español — ya que en la ciudad de Camagüey era bien conocido que el joven erudito, el muchacho que había publicado trabajos que desconcertaban por su erudición y por su profundidad, había estado en las Clavellinas y que su hermano mayor estaba en el campo insurrecto—Varona escribió su famosa *Hija Pródiga* y su menos conocida *Oda a España* en las que, con un lenguaje artificioso que quizás —como han señalado Max Henríquez Ureña y José María Chacón y Calvo— demostraba en su forma que no provenía de su verdadero sentir, existen frases de exaltación y de reconocimiento a la metrópoli española, en momentos en que cubanos caían en la manigua redentora por la libertad de su Patria. Fue un error político extraordinario y él casi inmediatamente lo reconoció. Fue una cruz que llevó consigo durante toda su vida. Nunca trató de ocultarlo. Sus enemigos, los envidiosos de su grandeza intelectual, los que miraron su conducta intachable en la república como la denuncia más firme de la claudicación que ellos estaban cometiendo, siempre trajeron a colación su famosa *Hija pródiga*. Casi hasta los 80 años se la siguieron arrojando al rostro. El dijo —y quizás tenía razón— que si después de toda una vida dedicada a su patria lo único que le podían impugnar era esa claudicación de juventud, que nunca había negado, era porque en su vida pública los aspectos negativos no habían sido tan intensos.

Termina la guerra del 68 y Varona forma parte del Partido Autonomista. Varona había sido, como ya se ha dicho, un enamorado, en su juventud, del Romanticismo, movimiento que había llegado a Cuba muy retrasado. Es de recordar que el romanticismo había pasado por España también con bastante retraso por motivos políticos, y que como la América hispana seguía siempre con demora los procesos culturales que se producían en la metópoli, el romanticismo estaba en Cuba en pleno apogeo en la adolescencia y primera juventud de Varona. Posteriormente Varona se alejó de este movimiento y cayó en los dominios de la experiencia, es decir, en el mundo de ideas que preconizaba el movimiento positivista. El positivismo —no quiero apartarme mucho del tópico de mi conferencia, pero considero fundamental señalar este aspecto porque tiene una connotación directa con su posición autonomista— el positivismo, como se sabe, es un movimiento de raíz cientificista, fundado en Francia por el filósofo Augusto Comte que trató de establecer como conocimiento valedero el científico, es decir, el que se fundamentaba en la experiencia. Claro que Comte, que luchó contra todo dogmatismo llegó a una posición tan dogmática como la que pretendió combatir fundando después la Religión de la Humanidad. Varona no siguió esta posición de Comte, apoyando en cierta medida la del impugnador de Comte en Francia, el filósofo Littré. Ya Humberto Piñera, en un estudio muy fundamental titulado «Idea sobre el hombre y la cultura en Varona»,[8] ha estudiado muy claramente lo que esta actitud filosófica representa de desconocimiento de lo más genuinamente humano que tiene el hombre, pero no entremos en esa materia porque nos apartaríamos demasiado del tópico de esta conferencia. Lo que quiero traer a colación es que, como es conocido dentro del movimiento positivista, entendido éste, desde luego, en un concepto muy amplio, no sólo hubo una escuela francesa, sino que hubo también una inglesa, y dentro de ésta, además de Stuart Mill, encontramos a otro filósofo, Herbert Spencer, que nos habló de la ley de la evolución, es decir, de la historia como un lento pero definido proceso hacia el progreso de la Humanidad: La idea del progreso, del camino vital, histórico, hacia el progreso.

Estas ideas, que llegaron a Cuba, facilitaron el auge de las ideas autonomistas. El autonomismo fue un proceso de lucha cívica para lograr ciertas mejoras de España, es decir, estuvo encaminado a obtener un mayor progreso. En definitiva era una actitud optimista y a este movimiento político se afilió Enrique José Varona y fue una de sus figuras destacadas. Colaboró con otro miembro del mismo, José Antonio Cortina, quien fundó una revista de extraordinaria importancia en la historia cultural de Cuba, *la Revista de Cuba,* que duró de 1874 hasta que murió su fundador en 1884. No es motivo de nuestra conferencia estudiar los aspectos positivos y negativos que tuvo el autonomismo para Cuba. No vamos a entrar en eso. Lo que quiero destacar es que Varona formó parte de ese movimiento y que a través del mismo y por medio de los esfuerzos que aquél realizó, llegó a la conclusión de que España no estaba dispuesta a conceder mejoras genuinas a Cuba y de que el futuro de su país no podía provenir de la generosidad española sino de la enterza de los cubanos que así lo demandaran a España. Expresó su desencanto, como Carlos Márques Sterling lo ha señalado,[9] en el discurso que pronunció en la despedida de duelo de José Antonio Cortina y dijo que se retiraba del partido liberal. Entonces inició su extraordinaria labor independentista. Fundó la *Revista Cubana,* uno de los factores fundamentales en la formación de la nacionalidad cubana, y siguió la labor de exaltación de las grandes figuras de Cuba que había iniciado en la *Revista de Cuba*, pero ya con más definidos propósitos independentistas. Y es ahí, en esa publicación, en donde aparecen entre otras muchas de extraordinario valor político y literario, unas frases de Varona que voy a repetir aquí porque tienen una virtualidad extraordinaria en el presente momento histórico como si el hombre público estuviera hablando ante la Historia. Dice Varona:

«....el comunismo, aunque pretenda hacerse oportunista, no es menos una peligrosa quimera que empieza por ser la negación de toda libertad y acaba por anular toda iniciativa y, por tanto, todo verdadero goce de los mismos bienes que pretende esparcir equitativa y posteriormente».[10]

Su actitud contra el comunismo fue siempre la misma. Treinta años después, en 1918 en su artículo «Abriremos los ojos» que recoge en su libro *De la colonia a la república* dice:

«La teoría marxista, que hace depender toda la evolución del factor económico, no es sino la exageración de un hecho cierto. Las necesidades económicas y las actividades que estas ponen en juego no constituyen el único motor de los complejos fenómenos que presenta una sociedad humana, pero sí están en la base de las más aparentes y decisivas».[11]

Es en esta época, que realiza una serie de discursos en veladas literarias que originaron que José Martí, que estaba luchando por la Patria en el exilio, recogiera en la prensa norteamericana la labor patriótica de Varona y la exaltara con júbilo y alegría. De esa época es su ya aludida conferencia «El poeta anónimo de Polonia»[12] pronunciada el 14 de mayo de 1888 en la Habana, en la sociedad cultural la Caridad del Cerro. En ella, Varona, hablando de una figura literaria de Polonia, aprovecha la ocasión para defender el sagrado derecho del pueblo polaco de ser libre y para condenar la invasión rusa que había suprimido la nación polaca. Varona aquí está hablando de Cuba. Al final de su discurso generaliza sobre el derecho de los pueblos a ser libres y el necesario respeto que merece la plena dignidad del hombre.

En junio 30 de 1888, en las páginas de *La Revista Cubana,* en un trabajo memorable, «El bandolerismo, reacción necesaria»,[13] Varona analiza con ponderación y penetración las raíces de ese fenómeno en

Cuba y entra a evaluar la historia española para demostrar por qué la violencia es una característica en la historia del pueblo español. Analiza las guerras de reconquista. Señala que España fue un pueblo que vivió siglos y siglos en lucha fratricida, luchando contra el conquistador árabe, que ya se había convertido, a través de los siglos, en parte sustancial de su pueblo. Habla de una lucha permanente que va desde Pelayo, en su famosa batalla de Covadonga en las montañas asturianas, hasta los Reyes Católicos y la toma de Granada en la meridional Andalucía. Evalúa las características de las inmigraciones españolas en Cuba. Critica acerbamente el régimen colonial de explotación que sufría nuestra infortunada Isla. Llega a la conclusión de que el bandolerismo que se estaba experimentando era el producto de toda la historia española, porque en ella era símbolo de violencia, símbolo de barbarie. La barbarie, decía Varona, no se podía combatir sino con la civilización y Cuba no la tenía porque la metrópoli no podía otorgársela. A veces, Varona se dejaba arrastrar por la pasión, pero hay que tener en cuenta que siempre estuvo condicionado por el amor a Cuba y por la negativa de los gobiernos españoes a reconocer los sagrados derechos de su patria.

En otra conferencia, también pronunciada en el año 1888 en La Caridad del Cerro, «Los cubanos en Cuba,»[14] Varona nos habla de los distintos periodos que caracterizan la historia cubana y así al estudiar el inicio del siglo XIX nos dice, en este párrafo que quiero transcribir:

«A un extremo está el esclavo, propiedad semoviente, poco más que una cosa, poco menos que un semental de pura sangre; al otro está el criollo blanco, que paga el impuesto y no elige al magistrado, y que compra el derecho de tener siervos a costa del derecho de tener dignidad. Al uno lo tiene sumiso el látigo del mayoral; al otro lo mantiene obediente el sable del Capitán del partido. Colonos españoles hay pocos, unos trafican, otros mandan. La ley no es dura para ellos; los unos la burlan, los otros las amoldan, la conforman y la aplican para su provecho. La sociedad está dividida en castas, mantenida dentro de sus límites infranqueables por el imperio de la fuerza, apoyada en sus privilegios y en las preocupaciones.»[15]

Después estudia un segundo período, el de la Guerra de los Diez Años en que la cultura y el espíritu de una minoría de cubanos, lleva al sacrificio al pueblo. Le llama época luctuosa y heroica. Y por último analiza el momento histórico en que está viviendo, en el que está hablando y señala:

«....Tendamos la vista en torno nuestro, ved como crece la ola pestilente de la corrupción y nos azota el rostro»

y después:

«Nos hemos resignado a fuerza de apetecer el sosiego, nos conformamos con la inercia».[16]

y eso lo decía en plena Habana, bajo la mirada escrutadora de los funcionarios del régimen colonial.

Varona en esa época realiza una labor de exaltación de las grandes figuras de la Patria, por ejemplo: Félix Varela y José de la Luz y Caballero. Sabía que el cultivo de nuestras grandezas es una manera digna de hacer patria. Sale al exilio en 1895 para ya, definitivamente desde Nueva York, unirse a la labor apostólica de su buen amigo José Martí. Es consultor del delegado del Partido Revolucionario Cubano, Don Tomás Estrada Palma; dirige, sustituyendo al Apóstol, la revista *Patria*, órgano de divulgación de la revolución cubana; pronuncia multitud de discursos en favor de la lucha emancipadora. Uno de ellos, aquél memorable de evaluación del Apóstol, a que he aludido previamente, y escribe un panfleto, *Cuba contra España*,[17] en octubre de 1896, que recorre el mundo y que es traducido a muchos idiomas. Estaba analizando hace poco, en la biblioteca de la ciudad de Nueva York las traducciones que encontré de ese trabajo: al francés, al italiano, al inglés. En otras bibliotecas de este país hay también traducciones a otros idiomas, como el alemán. Fue uno de los documentos fundamentales de nuestra revolución emancipadora. Medardo Vitier[18] considera que *El manifiesto de Montecristi* y *Cuba contra España* constituyen las dos más altas manifestaciones de la prosa patriótica cubana. Estas declaraciones, reflejan las distintas personalidades de los autores, a quienes los une el amor a la Patria. *El manifiesto de Montecristi* es un arrebatador mensaje lírico. La prosa martiana invita al amor a la libertad y a la Patria, nos exalta, nos subyuga; la prosa varoniana de *Cuba contra España*, nos convence, Varona llega a la estadística para demostrar fehacientemente que Cuba está siendo explotada por España, que social y económicamente, España no tiene derecho a mantener al pueblo cubano en esclavitud.

Terminada la guerra emancipadora, y antes de la restauración de la república, viene el proceso de la intervención americana. Varona es llamado para que realice una labor de reforma educacional y lleva a cabo la de la segunda enseñanza y la universitaria, condicionando dicha reforma desde luego, por sus ideas positivistas. Propicia la fundación de Escuelas Técnicas en la Universidad de la Habana, reestructura las existentes, crea el Plan Varona para la segunda enseñanza. Él, que siempre fue un humanista, suprime el latín en el bachillerato; elimina la Estética de los estudios universitarios; hace énfasis en la Técnica. Es verdad, y hay que reconocerlo, que estaba tratando de responder a ciertas vicisitudes históricas. José de la Luz y Caballero había hablado de que la educación en Cuba llevaba al cubano o a la abogacía o a la medicina y que la otra disyuntiva era la pereza. Es verdad que la nueva república que surgía necesitaba técnicos para poder cumplir los propósitos con que los mambises habían soñado, pero es innegable que Varona se dejó llevar en exceso por su positivismo y esa orientación cientificista, y ese abandono de las Humanidades que son tan fundamentales para la genuina formación del hombre, tuvieron un efecto de cierta esterilidad intelectual en la República.

Jorge Mañach, defendiendo a su amado maestro declaró que se trataba de una terapéutica de urgencia; que el error no había sido de Varona; que el error había sido de los cubanos que no supimos construir sobre lo que él hizo; que la reforma de Varona debió haber sido temporal y que debió inmediatamente haberse superado y que no se podría achacar a Varona los efectos de la omisión, de la negligencia y de la dejadez de los que debieron construir sobre lo que él había realizado.[19] Quizás tenía razón, pero a pesar de todo lo que se ha dicho y se ha discutido, sigo pensando que Varona, gran humanista y patriota excelso condicionó demasiado su reforma al pragmatisco positivista.

Pero quiero aquí también señalar, antes de hablar sobre su participación en la República, el hecho de que Varona tuvo ante los Estados Unidos una actitud muy clara y precisa. Varona, y esto lo reconoció en varios trabajos, baste mencionar su «Ojeada sobre el movimiento intelectual en America»,[20] fue un admirador de la democracia norteamericana. Creyó que la democracia y la constitución americana plasmaban eficazmente los principios de igualdad, libertad y fraternidad que tan necesarios son para el mantenimiento de la plena dignidad del hombre, sin embargo, criticó con rudeza las claudicaciones de la república norteamericana, criticó el régimen esclavista, criticó el imperialismo naciente, criticó la política exterior oportunista y pragmática. En pleno New York, en 1897 como en plena Habana en 1887 y 1888, criticó el régimen español se levantó la voz de Varona para decir que la política de los E.U. en relación a Cuba no iba encaminada a proteger los principios de dignidad y de libertad garan-

43

tizados en su constitución, sino los intereses de este país en sus relaciones con las grandes potencias de España, Francia e Inglaterra.

También evaluó al imperialismo norteamericano no sólo en una serie de artículos que reunió en un libro que llamó *Mirando en torno*, publicado con motivo de la intervención americana en 1905, en Cuba, sino también con un estudio medular en un conferencia que pronunció en la Universidad de la Habana titulado «El imperialismo a la luz de la sociología»:[21] un trabajo sociológico en el que Varona, partiendo de los imperialismos romano e inglés, analiza el imperialismo norteamericano y evalúa las raíces y las causas económicas, sociales y políticas que determinan el imperialismo. Éstas son, según Varona, el extraordinario desarrollo económico y la concentración de población en determinadas partes. Con gran previsión señala al pueblo cubano que no debe ser el punto de menor resistencia y que debe enfrentarse con valentía al peligro del naciente imperialismo norteamericano.

Varona fue una voz de condena que vio venir los peligros de la segunda intervención norteamericana, en los inicios de la república. Llamó con tono moderado a la armonía a los partidos de gobierno y oposición y los alertó del peligro que corría el proceso republicano si los partidos políticos no ponían las necesidades de la nación por encima de los intereses de grupo.

Varona comprendió la ardua labor a que se enfrentaba la naciente República cubana. Tarea que abarcaba no sólo la reconstrucción económica después de la destrucción causada por la guerra de independencia, sino también la necesaria labor en el campo moral y educacional. Para ello, advertía, era necesario dotar a Cuba de un clima de paz y tolerancia mutua contra el cual conspiraban las convulsiones políticas que agitaban al país en esos momentos.

En las páginas memorables de *Mirando en torno* evaluó las causas económicas y sociales que engendraron la violencia, la interrupción de la convivencia pacifica bajo la organización republicana y la consecuente intervención norteamericana. No se la ocultaba al gran cubano que la isla «hasta ayer una factoría gobernada y explotada por España, es hoy una factoría gobernada por los cubanos y explotada por capitales extranjeros».[22] Este libro, uno de los de este autor que más demuestra su genuina cubanía, fue publicado en 1910 con el objeto, según el propio Varona, de darle nueva resonancia a su voz que se había perdido en el desierto, desoída por la intransigencia. El libro contiene una inteligente evaluación socio-política-económica de la Cuba republicana de los primeros años y muy acertados consejos para el necesario enfrentamiento a los males de la república y la progresiva solución de los mismos. *Mirando en torno* es un libro de gran importancia tanto por la luz que arroja sobre la naciente república como por lo que revela respecto a la ética de su autor. La crítica, lamentablemente, no la ha estudiado con la atención que merece.

Varona mantuvo una preocupación constante para evitar que la Cuba republicana padeciera de los mismos vicios que él tan acremente denunció en la colonia. Tuvo una conducta irreprochable, durante su actuación en la República. El cargo al que se unió más espiritualmente fue la cátedra universitaria. Fue admirado por su honestidad, su saber, y su seriedad intelectual. Maestro, fue llamado por la juventud cubana, y Maestro, por los intelectuales de América. En 1905, José Enrique Rodó, el famoso autor de *Ariel,* en carta escrita en Montevideo dice:

> «....Por eso anhelo que otros tomen a su cargo la propaganda que yo solo me he atrevido a iniciar, y sería grande mi satisfaccion si ud.—hablaba a Varona, desde luego— hablase a la juventud en el sentido en que yo he osado hablarle. Usted puede ser, en realidad, el Próspero de mi libro. Los discípulos nos agrupamos alrededor de usted para escucharle, como los discípulos de Próspero».[23]

Varona fue presidente del partido conservador y consejero de presidentes. Llegó a ser vicepresidente del Gral. Mario García Menocal, pero ni amistades personales, ni afiliaciones de partido, ni supuestas limitaciones de altos cargos públicos, le impidieron nunca poner por encima de todas estas ataduras, más o menos poderosas, su supremo interés, la patria cubana. Fue un censor de los errores de la República y siendo vicepresidente aprovechó el discurso de ingreso de la Academia de Ciencias y Letras de Cuba para lamentarse públicamente de que la República estaba incurriendo en los mismos vicios que él había denunciado en la colonia: que el nepotismo, que la claudicación, que el amiguismo, que la inmoralidad, que todos aquellos males que habían sido imputados al régimen colonial español y contra los cuales se habían alzado los cubanos en la manigua redentora y en el triste exilio, estaban apareciendo nuevamente. Se alejó de los cargos públicos y vivió con su ideal a cuesta, a pesar de que su obra se iba cargando cada vez más de un profundo y amargo escepticismo. Vivió siempre con el dolor de Cuba en la profundidad de su alma, esa alma que, en su posición de negación antimetafísica, no quería reconocer.

Varona fue el maestro al que se acercó la juventud cubana revolucionaria que luchó frente al régimen del presidente Gerardo Machado. No en balde, su muerte, acaecida a raíz de la caída del gobierno machadista, provocó en su sepelio una sentida demostración de duelo popular. Por eso tuvo razón su gran amigo José Martí, hablando de su libro *Seis Conferencias,* allá por el año de 1887, para decir:

«....Fundar, más que agitar, quiere Varona, como cumple aún en las épocas más turbulentas, a aquellos a quienes el desinterés aconseja el único modo útil de amar a la patria, en Cuba —como en todas partes— menesterosa de espíritus creadores. ¡Más que estremecer sin sentido, fortificar, sembrar, unir como en una red de almas la tierra! .... En todo es Cuba desdichada —dijo el Apóstol— menos en el esplendor de la naturaleza, la bondad de sus mujeres y el mérito de sus hijos.»[24]

Enrique José Varona tiene una dimensión extraordinaria en la historia y la literatura de su patria por su contribución cívica y por la importancia de su obra. Varona, sin embargo, ha sido una figura polémica. Admirado por muy grandes hombres de la historia y las letras de Cuba y de América, la incorruptibilidad de su conducta y la honestidad de sus opiniones le ganaron enemigos y denostadores. Aún hoy, después de medio siglo de su muerte, se levantan voces que forzando el proceso racional intentan, partiendo de su discutida reforma educacional, imputarle cierta responsabilidad histórica por los dolorosos momentos de la Cuba actual. Esto debe tomarse como síntoma de la vigencia de su personalidad. Fue un fundador, como dijera su admirado Martí, y por ello está intrínsicamente ligado al acaecer de su patria. Lo importante y lo justo es que se le siga estudiando, sin admiraciones provincianas que rebajarían su grandeza pero con seriedad y objetividad, esas cualidades que han dotado a su obra de una vigencia que se impone a las limitaciones del tiempo.

NOTAS

1. Véase por ejemplo, Félix Lizaso, «Varona: Culminación y síntesis de los anhelos de Cuba» en *Homenaje a Enrique José Varona*, La Habana, Ministerio de Educación, 1951, 360-378.
2. Este análisis comparativo fue desarrollado posteriormente en mi trabajo «José Martí y Enrique José Varona: Pasión y razón en la agonía cubana» en *Studia Gratularia* dedicados a Humberto Piñera, Madrid, Editorial Playor, 1979, 11-20.

3. Enrique José Varona, *Martí y su obra política*, Nueva York, Imprenta América, 1896.
4. José Martí, «El poeta anónimo de Polonia de Enrique José Varona», *Homenaje a Enrique José Varona*, 1951, 270.
5. Félix Lizaso, *op. cit.*, 361.
6. Miguel Angel Carbonell, «El Varona que yo conocí», *Academia Nacional de Artes y Letras, Anales,* La Habana, año XXXV, tomo 28, 1949, 55-88.
7. Véase mi libro *Enrique José Varona. Crítica y creación literaria,* Madrid, Hispanova de Ediciones, 1976, 241-42.
8. Humberto Piñera, «Ideas del hombre y la cultura en Varona», *Homenaje a Enrique José Varona,* 1951, 80-88.
9. Carlos Márquez Sterling, *Historia de Cuba,* New York, Las Americas Publishing Co., 1969, 259.
10. Enrique José Varona, «Notas bibliográficas», *Revista cubana,* 1885, II, 366.
11. _____, «¿Abriremos los ojos?» *Mirando en torno,* Habana, Imprenta y Papelería de Rambla y Bouza, 1910, 33.
12. _____, «El poeta anónimo de Polonia», *Estudios y conferencias,* Edición oficial, La Habana, 1936, 331-352.
13. _____, «El bandolerismo, reacción necesaria», *Textos escogidos*, Mexico, Editorial Porrua, 1968, 37-48.
14. _____, «Los cubanos en Cuba», *Textos escogidos,* 5-20.
15. *Ibid.,* 12-13.
16. *Ibid.,* 19.
17. _____, *Cuba contra España*, New York, Reuben's Power Press, 1895.
18. Medardo Vitier, «La obra político-social» (primera parte), *Obras de Enrique José Varona,* (edición oficial), La Habana, 1937, Vol. I, 225 y siguientes.
19. Jorge Mañach, «El filosofar de Varona», *Homenaje a Enrique José Varona,* 1951, 393.
20. Enrique José Varona, «Ojeada sobre el movimiento intelectual en América», *Estudios y conferencias,* 81-105.
21. _____, «El imperialismo a la luz de la sociología», *Textos escogidos,* 21-36.
22. _____, «El talón de Aguiles», *Mirando en torno,* 25.
23. José Enrique Rodó, «Carta a Enrique José Varona», *Homenaje a Enrique José Varona,* 1951, 297.
24. José Martí, «Seis conferencias de Enrique José Varona», *Homenaje a Enrique José Varona,* 1951, 268-269.

cruzada por exaltar lo mejor del hombre. Martí dijo que el hombre era malo por accidente y por esencia bueno y no se tomen estas palabras como apreciación ingenua de quien no vivió las realidades históricas. Martí fue un hombre que sufrió en carne propia todos los dolores y todas las angustias, soportó calificaciones infamantes, sufrió interpretaciones deshonestas ante su incorruptible conducta cívica, pero a pesar de todos los ataques, a pesar de todas las insidias, este optimismo trascendental de esa gran figura de América constituyó la piedra angular de toda su vida. De muy niño comenzó el joven Martí a sufrir, supo de la angustia por la incomprensión de su padre, de un padre bueno pero que no podía, por su formación limitada, entender la grandeza del hijo genial, de un padre bueno, a quien él, con su profunda penetración, reconoció que era honrado cuando todo el mundo había dejado de serlo, de un padre que no podía comprender a ese niño que en el viejo colegio de la calle Prado soñaba en versos heroicos la grandeza de su patria. Martí encontró en Rafael María de Mendive, su maestro, la fuente a través de la cual llegó a este hombre excepcional toda la tradición ética que corre vigorosa en el proceso intelectual de Cuba. Martí fue discípulo de Mendive, Mendive fue discípulo de la Luz.

Muy niño sufrió Martí el presidio político, muy niño experimentó en sus propias carnes las durezas y los agravios con que las autoridades españolas imponían en aquella época, como en estos momentos históricos se impone en la dolorosa tierra cubana, a aquellos hombres que se levantaban, como hoy se levantan con la fuerza de su dignidad para soñar libertades, independencia y el derecho de todo ser humano a ser honrado. Martí tuvo que emigrar a España como la solución que el gobierno español dio a su prisión cubana gracias a los desvelos y a los sufrimientos que aquel viejo venerable que era su padre tuvo que sufrir para lograr su deportación. Martí va a España y es en ella donde le arroja al pleno rostro de las autoridades metropolitanas esos dos documentos tan fundamentales de la ensayística política cubana, me refiero al *Presidio político en Cuba* y *La República española ante la revolución cubana*. Allí se forma y aquí, a estas tierras de América, viene con sus títulos a iniciar un peregrinar constante.

Primero en México. Decía nuestro Esténger que en México a Martí le nació su devoción americana, esa devoción por nuestra América que tanto le caracterizó. De México tiene que salir por no coincidir con los vientos autocráticos que iban a dominar el régimen imperante y en México sufre una de sus crisis más profundas. La manigua heroica, la manigua de 1868 vibraba en sus oídos con ecos de epopeya y sin embargo luchaba Martí entre ese llamado de la patria y

Patria, decía Martí, y siempre debemos empezar con las palabras del Apóstol, patria es unidad de intereses, unidad de tradiciones, unidad de fines, fusión dulcísima y consoladora de amores y esperanzas. Nunca antes en la dolorosa historia cubana, estas palabras medulares del Apóstol han tenido mayor vigencia; nunca antes el desgarramiento de los valores en los que se cimenta el proceso histórico de nuestra patria ha sido más profundo; nunca antes la pasión sectaria y los intereses políticos han silenciado los nombres gloriosos de un José de la Luz y Caballero, de un Máximo Gómez, de un Antonio Maceo, de un Ignacio Agramonte o de un Carlos Manuel de Céspedes; nunca antes se ha hecho del pasado un olvido más ominoso; nunca antes hemos sufrido tanto ni nunca antes la diáspora cubana ha sido tan extraordinaria. Patria, dijo Martí para la Historia, es fusión dulcísima y consoladora de amores y esperanzas y este hermoso acto de la Sociedad Cubana de Queens en el que nos reunimos para develar el busto del héroe máximo de nuestra historia, este acto constituye un acto de amor, este acto constituye el ejemplo más evidente de que el concepto de patria soñado por Martí está vigente porque mientras haya amor y esperanza, mientras haya sentimiento y voluntad, la patria estará vigente, no importa las limitaciones que le quieran imponer al gran destino cubano las presentes potencias políticas y militares, no importa el pragmatismo que caracterice el actual momento histórico de la humanidad, mientras haya actos de amor, mientras haya cubanos que se reunan para recordar al Apóstol, la Patria, fusión dulcísima y consoladora de amores y esperanzas está vigente y el sueño de Martí no se extinguirá.

Se me ha pedido por una cubana ejemplar por su devoción a Cuba, la señora Inés del Castillo, que hable de la ejemplaridad de Martí. La selección del tema es típica de la labor inteligente y culta de divulgación de nuestros grandes valores históricos que ha caracterizado a esta Sociedad. Martí, nuestro Apóstol, representa en su vida y en su obra toda una figura ejemplar. Hablar de la ejemplaridad de Martí es hablar de todo él, del hombre, del escritor, del pensador, del poeta, de la gran figura política, de la gran figura literaria, de la gran figura humana. Toda su vida y toda su obra constituyó una perenne

EJEMPLARIDAD DE MARTÍ

DISCURSO PRONUNCIADO EN LA SOCIEDAD CUBANA DE QUEENS, DE LA CIUDAD DE NUEVA YORK, EL 5 DE NOVIEMBRE DE 1978 CON OCASIÓN DEL DEVELAMIENTO DE UN BUSTO DEL APÓSTOL. FUE REPRODUCIDO EN DIARIO LAS AMÉRICAS, MIAMI, FLORIDA, EL DÍA 28 DE ENERO DE 1979, 21.

la obligación con su familia, una familia pobrísima que estaba en el exilio mexicano y que confiaba y esperaba que el primogénito, el único varón, le brindase su ayuda para poder subsistir. Mucho se ha hablado de la ausencia de Martí en la gesta libertadora del sesenta y ocho. Los enemigos de Martí (toda grandeza origina envidia)—recordemos a Sor Juana Inés de la Cruz en su famosa respuesta a Sor Filotea de la Cruz —dijeron que a pesar de ser joven, a pesar de poder dirigir sus pasos hacia el campo mambí, prefirió quedarse en México. Mucho se ha hablado sobre eso. Félix Lizaso, uno de nuestros grandes martianos, otro de los eximios cubanos que vino a morir en el exilio porque su dignidad no le permitía sucumbir bajo el rigor de un régimen marxista, un cubano ilustre, Félix Lizaso, dijo que Martí no fue a la Guerra Grande porque, pese a todos sus reconocimientos, pese a todas sus palabras de aliento, pese a toda su genuina admiración por los epónimos héroes de la guerra del sesenta y ocho, el genial pensador creía ver en esa guerra los gérmenes negativos que determinarían su derrota. Lizaso señaló que realmente Martí lo que tuvo fue una genuina intuición de su destino histórico, que comprendió que en ese momento Cuba necesitaba más de su formación espiritual e intelectual y que era preciso que se formara plenamente para llegar después al momento sublime, al llamado de la gloria. Quizás nuestro Lizaso tenga razón; quizás su vida enteramente dedicada a los estudios martianos, le diera bases racionales para sostener esa tesis. Me decido a apuntar otra causa más humana. Creo, con Jorge Mañach, que en ese momento, a pesar de todas sus genialidades, fue el llamado de su madre amorosa, fue la necesidad de ayudar a sus dulces hermanitas, fue la urgencia de compensar un poco a ese padre que había luchado tanto por él, lo que lo retuvo en México y lo que le hizo mantenerse alejado de la manigua heroica. Siempre llevó esa cruz a cuesta, siempre en su obra se nota el dolor de esa ausencia, siempre la admiración por el mambí glorioso trasciende de su prosa sublime y angustiada.

En América, Martí muestra con su actitud honesta, con su civismo, con su dejación de posiciones remunerativas que entrañaban reconocimiento y preeminencias, Martí demuestra que su sentido ético, que su sentido de justicia humana, era superior a cualquier consideración que le pudiera dictar sus responsabilidades familiares. De México se va porque su formación romántica, sus ideas de libertad, no coinciden con el régimen autocrático que se implanta. En Guatemala renuncia a una posición prestigiosa por no aceptar una injusticia que se había hecho con Izaguirre, su amigo, el Director que lo había llamado a ocupar una cátedra en la Escuela Normal y de Venezuela, con todo el reconocimiento, con todo el apoyo, con todo el prestigio social que tenía, también se aleja porque a la muerte de Cecilio Acosta dijo—originando la ira de los dictadores de turno, ya que siempre en América hemos tenido dictadores y siempre en América los hombres de buena voluntad han tenido que enfrentarse a ellos—que Cecilio Acosta era un hombre sabio, que era un poeta y era un justo, tres cosas muy difíciles de ser al mismo tiempo. Así regresa a los Estados Unidos, esta tierra de libertad y democracia en donde los cubanos siempre nos hemos reunido a luchar por nuestras dignidades, esta tierra que acogió a Morales Lemus en el 68, y a Martí en el 95 y que ha acogido a tantos cubanos dignos en estos años dolorosos del siglo XX. Martí vio la grandeza de la democracia norteamericana pero al propio tiempo criticó con palabra severa, el relativismo ético y el pragmatismo horrible que caracterizó, como desgraciadamente hoy caracteriza, la política exterior estadounidense, alejada en sus manifestaciones prácticas de los principios fundamentales que han constituido la base de la gran democracia norteamericana. En este país, Martí sufrió miserias mientras levantaba riquezas para la revolución cubana. Aquí, su cerebro genial creó las bases de la genuina revolución cubana y aquí, con un ejemplaridad extraordinaria, fue un hombre transido de amor: fundó, creó, toleró y sobre todo amó, amó a Cuba y engendró en el corazón de cada cubano el ansia de ser libre. Habló con su conducta, que es la más hermosa manera de hablar, de patria como fusión dulcísima y consoladora de amores y esperanzas.

Martí fue un ejemplar maestro. Cuando estudio la ejemplaridad de Martí en su aspecto patriótico, en ésa, mi manía didáctica, la sistematizo en tres funciones fundamentales: Martí tuvo una función iluminadora, realizó una labor analítica y llevó a cabo una tarea redentora, y lo hizo todo siendo a su vez un gigante de la literatura, uno de nuestros pensadores más profundos, uno de nuestros políticos más geniales.

La función iluminadora de Martí la efectuó divulgando en su obra, en las tierras de América hispana y entre el pueblo de la emigración en la sajona, la cultura universal que estaba preñada de ideas de renovación. Martí es hombre de su época, nace en 1853, es decir, en la mitad del siglo XIX y representa la gran tradición intelectual cubana que corre durante todo ese proceso histórico y que determina la conciencia que origina nuestra nacionalidad. Una corriente intelectual que tiene una de sus primera manifestaciones en la actitud del Padre José Agustín Caballero que en las viejas aulas del Seminario San Carlos habla de las nuevas ideas filosófics que andan por el mundo que ya empiezan a señalar los derechos de los hombres. Una corriente intelectual que integra el Padre Félix Varela y Morales que ocupando la cátedra de Derecho Constitucional del aludido Seminario, aprovecha la ocasión de estar analizando la Constitución española de 1812 para hablar a la juventud de justicia, de libertad, de principios generales de Derecho, para hablarles, en fin, de las ideas fundamentales que harán germinar en una generación extraordinaria de cubanos, las bases, las raíces de la concepción de la nacionalidad cubana. De un Padre Félix Varela que tiene que vivir en el exilio y que va a morir allá, a la Florida, cerca de su patria, para entregar su alma al Señor lo más cerca posible de ella, pero que lega, a todos los cubanos su mensaje de fe, su mensaje de aliento y su mensaje de dignidad.

Una corriente maravillosa de grandes hombres que integran entre otros, José Antonio Saco, José de la Luz y Caballero, Enrique José Varona y José Martí. José Antonio Saco que denuncia la esclavitud del hombre, la esclavitud del hombre por una pigmentación, —ya dijo Martí que no había razas—: José Antonio Saco, que denuncia en su magnífico trabajo sobre la vagancia en Cuba, los problemas socioeconómicos de la naciente nación cubana; José de la Luz y Caballero que es un evangelio vivo, que nos deja plasmada en sus aforismos toda esa corriente ética que después fluirá en el pensamiento martiano; Enrique José Varona, que en plena colonia, y en la Caridad del Cerro de la Habana, se levanta y proclama que los cubanos tienen derecho a su libertad; José Martí, sublime encarnación de la corriente intelectual cubana, que en el fundamental trabajo político aludido, en relación con la república española ante la revolución cubana, le dice a las autoridades peninsulares que es traición y negación a las esencias de la propia república, el no reconocerle a los cubanos el legítimo derecho a ser libres e independientes.

En cuanto a la función analítica, la segunda que hemos señalado, se debe subrayar que nuestro Apóstol se dedicó en cuerpo y alma a estudiar los problemas que agobiaban a su patria. Martí es un representante típico del intelectual hispanoamericano. Nuestras tierras de América, nuestras dolorosas tierras de América, han sido tierras en que el hombre de letras, el poeta, el literato, todo hombre dedicado a la cultura, al arte, no ha podido abstraerse de las realidades circundantes. Nuestro acaecer histórico ha sido demasiado doloroso y nuestros hombres de letras han tenido que formar parte de la Historia. Picón Salas, el gran venezolano, decía que eso se debía al hecho de que en definitiva, el hispanoamericano tiene su descendencia directa hispánica y que la raíz del alma española estaba representada por el Quijote, que los españoles y los hispanoamericanos teníamos esa actitud antitotalitaria, de defensa de la libertad y la dignidad del hombre y que en definitiva ése era el motivo por el cual el intelectual hispanoamericano intervenía en el desenvolvimiento histórico. Es decir, el estudio de las realidades históricas era el paso previo a la actuación directa para superarlas y mejorarlas. Recordando otros la actuación española en América, han impugnado esa tesis. Conciliadoramente, siguiendo el mensaje martiano, pudiéramos decir que sí, que Picón Salas tenía razón en cuanto a que el intelectual hispanoamericano es, en ese sentido, el heredero de lo mejor de España, porque la historia nos muestra que hubo dos Españas: la totalitaria pero también la del Quijote, la de la libertad y la de las grandezas espirituales. Acercándose a esa orientación, Jorge Mañach, por ejemplo, va a buscar concretamente el origen de esa conducta de Martí en la pasión que caracteriza al ser español. Mañach dice, citando a Salvador de Madariaga, que el español pone pasión en todos sus actos y que por tanto Martí era en el fondo representante de esa gran tradición española. Sin entrar a analizar las afinidades de esas dos teorías, sea ésa o sea otra la razón, lo cierto es que en Martí, es la pasión, es el amor, es el entrañable cariño a su patria, lo que determina la conducta de su vida. Martí representa pues en este aspecto analítico una tradición de la gran intelectualidad hispanoamericana. Bello, el apacible, el discreto, el erudito Andrés Bello, sufrió miserias y dolores en el frío londinense por representar como secretario a la Junta revolucionaria hispanoamericana. Bolívar, el gran Bolívar, uno de nuestros hombres más intelectualmente dotado, fue el gran libertador de América. Así, expresando su admiración por éste, Martí contaba de un viajero misterioso que al llegar a Caracas no preguntó dónde se comía ni se dormía sino dónde estaba la estatua del Libertador y narraba que el viajero solitario, junto a los árboles fragantes de la plaza, lloró al pie de la estatua que parecía moverse como un padre cuando se le acerca un hijo porque para Martí, Bolívar era un padre. Y Sarmiento, Domingo Faustino Sarmiento, que al mismo tiempo de ser uno de los genuinos credores de la gran República Argentina es el autor de dos de las obras más fundamentales, de dos de las obras maestras de la literatura hispanoamericana: *Facundo* y *Recuerdos de provincia*. Martí pues, fue también en su función analítica, que se muestra por ejemplo en el gran Manifiesto de Montecristi, —en el que el autor señala con mucha razón que la única alternativa que tenía el pueblo cubano era la lucha emancipadora porque después de lo que había dicho en sus formidables discursos sobre el presidio político y la república española ante la revolución cubana, la historia le había dado la razón y por tanto no había otra alternativa ante la intolerancia de la metrópoli que la lucha armada—, Martí, repito, también en su función analítica como en la iluminadora, fue el representante de una

gran corriente intelectual de América.
Por último, hablemos de la función redentora. Martí logra que su pueblo se levante y obtenga su libertad con su propio esfuerzo y pudo hacerlo porque su gran sinceridad conmovió a sus conciudadanos y su amor a la patria los contagió. Se ha dicho por algunos que Martí no era un representante típico del cubano. Volvamos a citar a Sor Juana y perdóneseme la repetición: toda genuina grandeza origina envidia. A Martí se le ha pretendido negar su identificación con el cubano porque su vida no estuvo caracterizada por la alegría. Claro que había que recordar a esos impugnadores oficiosos todas las ocultas implicaciones y los sutiles matices filosóficos que la actitud del cubano tiene, bastaría recordar el serio y penetrante estudio de Mañach *Indagación del choteo,* pero hay un argumento mayor: Martí se identifica con el cubano por su profunda e inalterable amor a su patria.

Filosofía amorosa llamó Fernándo de los Ríos a la obra de Martí y no dejaba de estar el filósofo español muy acertado, a pesar de lo contradictorio que a primera vista pudiera lucir esta definición, porque filosofía es pensamiento y amor es sentimiento, pero en Martí hay una tal fuerza armonizadora, hay un tal poder de síntesis, hay una angustia tan tremenda por el destino de Cuba, hay un desgarramiento tan profundo por los sufrimientos de su pueblo, que todo su pensamiento a pesar de su amplitud temática vuelve siempre a concentrarse en su preocupación por su patria, a la que tanto amó y esto constituye su mayor ejemplaridad.

Un ejemplo que nos enorgullece mucho más que todas sus grandezas literarias. Es verdad que ya las nuevas tendencias críticas lo han reconocido no ya como un precursor del modernismo sino como el fundador de la corriente intimista de ese movimiento; es verdad que nuestra Gabriela de América ha visto en sus Versos Sencillos la plasmación definitiva de su grandeza lírica; es verdad que son incontables los estudios que con seriedad y objetividad analizan actualmente su poesía y su prosa; es verdad que apenas al año de su muerte, Enrique José Varona, escogido por el triste y adolorido exilio para sustituir a nuestro Apóstol en la dirección de *Patria,* proclamó en su magnífico discurso «Martí y su obra política», pronunciado en esta misma ciudad de Nueva York, de tanto relieve histórico para los males cubanos, toda la grandeza política de Martí: es verdad que Martí es muy grande como poeta, como prosista, como pensador, como sociólogo, como filósofo, como político, pero su ejemplaridad mayor, para nosotros los nacidos en la hermosa tierra de palmeras y de cielo tan azul, es su dación a Cuba, su entrega absoluta a la isla adolorida y sufriente que hoy vuelve sus ojos a su hijo más preclaro buscando en el amor y en la esperanza la eterna permanencia de su grandeza.

LA CUENTÍSTICA DE MATÍAS MONTES HUIDOBRO: BÚSQUEDA ANGUSTIOSA DE IDEALES

CONFERENCIA LEÍDA EN UNIVERSITY OF WEST VIRGINIA AT INSTITUTE, EN EL XXIX CONGRESO ANUAL DE MOUNTAIN INTERSTATE FOREIGN LANGUAGE CONFERENCE, EL 19 DE OCTUBRE DE 1979.

Montes Huidobro tiene publicado un libro de cuentos *La Anunciación*[1] en 1967 en donde recoge algunas narraciones que vieron la luz en Cuba como «La constante distancia», «Las auras» y «Leandro»[2], «Ratas en la isla»[3] que se imprimió en los Estados Unidos después de su exilio que se inició en 1961, y otras hasta entonces inéditas que había escrito tanto en Cuba como en los Estados Unidos[4]. Su primer cuento publicado lo fue «El hijo noveno» que apareció en la revista habanera *Bohemia* en 1950, es decir cuando el autor tenía 19 años de edad y en ese mismo año también vieron la luz «Abono para la tierra» en *Nueva Generación* y «Los ojos en los espejos» en la *Revista del Ministerio de Educación*. Por último en 1975 y en la antología de Julio Hernández Miyares, *Narradores cubanos de hoy*[5] se incluyen dos cuentos de Montes Huidobro, «El regreso de los perros» y «Sin nada que hacer».

En la cuentística de Montes Huidobro se hace patente una poderosa fantasía, que al mismo tiempo se acopla con un genuino dramatismo, que viene de la angustia del hombre que es el autor y que palpita en sus narraciones y penetra profundamente en sus personajes. Sus cuentos tienen una temática muy universal y se muestra en ellos una preocupación por las cuestiones esenciales de la existencia humana. Late en muchos de sus relatos esa agonía que, en algunos, refleja las deplorables condiciones sociopolíticas que caracterizan a su patria en el presente momento histórico, aunque aparecen sublimadas literariamente. En ocasiones Montes Huidobro parte de una realidad histórica que le sirve de marco pero esta realidad le permite plantear temas universales. Es decir, se ve en su cuentística lo que un crítico tan acucioso como Max Henríquez Ureña atisbó en su creación dramática, cuando afirmó que «las concepciones de éste tienden más a lo universal que a lo particular».[6]

Los personajes de Montes Huidobro son seres frustrados, asfixiados por la vida, pero que buscan en su sufrimiento, un ideal, un significado. A pesar de que proclamen que «la vida es un caldo espeso y pestilente que no tiene palabra» (98), paradójicamente, hay en ellos una búsqueda angustiosa de ideales. Corre a veces en sus narraciones un sentimiento de indignación ante las debilidades del hombre. Para Montes Huidobro, el ser humano está sumido en un mundo caótico

61

pero, lejos de sucumbir ante el mismo, trata de redimirse. Algunos de sus personajes lamentan el «papel del hombre que lucha y lucha y nunca es derrotado, que siempre alza nuevamente la cabeza» (95) y en instantes de vacilación, parecen sucumbir proclamando «que es más dulce el sabor de la derrota» (95), pero siguen luchando, aunque a veces, sólo lo hagan, sintiendo que llevan «en su interior un profundo aletear de vida bajo las alas» (88).

Encontramos en estos personajes, siempre insinuada, cierta densidad psicológica que dota a sus relatos de amenidad e interés, pero que también parece apuntar hacia la incapacidad del hombre de entenderse a sí mismo. Ya en 1956, Guillermo Cabrera Infante, comentando su cuento, «La constante distancia» creía encontrar la originalidad de Montes Huidobro, «en una decidida intención de tomar de la realidad segmentos casi absurdos para luego organizarlos en un orden veraz».[7] Claro, que el crítico no podía pasar por alto el acercamiento que esta técnica representaba indudablemente con la obra de Frank Kafka y en defensa de la originalidad del autor, afirmaba, aunque sin duda un poco arriesgadamente: «pero es un acercamiento 'a posteriori', pues ya Montes trabajaba en cuentos, poemas y piezas de teatro de esa manera, mucho antes de que Kafka estuviera de moda».[8] Pero lo importante, a mi modo de ver, es que en el fondo, este acercamiento demuestra que Montes Huidobro está reaccionando ante ciertas realidades históricas que determinaron una corriente literaria de indudable importancia en el presente siglo. Su cuentística refleja esa inestabilidad de raíz existencial que caracteriza al hombre contemporáneo, que fue captada por Kafka y que explica la gran influencia de éste en la narrativa de nuestro tiempo, pero en estos relatos, volvemos a subrayar, algunos de los personajes reaccionan en una búsqueda angustiosa de ideales. Lo relevante no es que no los encuentren sino que los sigan incesantemente buscando. Ésta es la manera del autor de expresar, pese a su amargura, su fe en la espiritualidad humana.

Todo lo afirmado previamente tiene una definida influencia en la estructura de sus relatos. En ellos, el juego entre la relación y la reflexión subraya esa ambivalencia, ese caos, en que el autor ve sumido al hombre. El uso del lenguaje destaca, por constraste, al propio tiempo que la náusea, una sublimación estética que hace que éste, en ocasiones, esté matizado de tintes poéticos. Montes Huidobro es un escritor responsable que trabaja con esmero sus creaciones literarias. Está al tanto de las nuevas técnicas narrativas, como lector interesado de la literatura contemporánea. Sus relatos poseen una gran riqueza simbólica.

Debe señalarse que su técnica narrativa no se puede asimilar a una determinada escuela literaria. Su dominio de Freud, que ha puesto de manifiesto en sus obras de crítica se hace patente en estas narraciones, en las que las frustraciones espirituales de sus personajes tienen a veces, como concausas, raíces sexuales, y eso lo acerca al surrealismo que, como señala Seymour Menton[9], partiendo de cierta base freudiana proclamó el carácter dualístico de la realidad y trató de captar tanto lo exterior como el interior, pero la casi paralización del tiempo que presentan algunos de sus cuentos le da ciertos matices cubistas. Hay también en ocasiones una atmósfera onírica, alucinante, en que realidad y fantasía parecen superponerse e integrase y en esto acaso se atisban tenues elementos del realismo mágico. Por otra parte, ya se ha hablado del fondo existencial que permea toda su narrativa. En resumen, la cuentística de Montes Huidobro, creemos, escapa a una rigurosa clasificación de escuela.

Hay una constante temática en ella y en especial en los relatos que agrupa en *La Anunciación,* que son a los que nos referiremos en esta trabajo dada las limitaciones a que estamos sometidos, y ésta es la frustración, la agonía que padece actualmente el ser humano. En los primeros cuentos del libro «Las auras», «La constante distancia», «Leandro», «El ofrecimiento» y «La vida bajo las alas», la frustración se concentra en el personaje femenino, que, como ya se apunta en el breve pero incisivo prólogo, pudiera pensarse que se trata de «una prolongación de una misma mujer que quiere encerrarla a todas» (12), claro que de «apriori», esto pudiera considerarse como elemento negativo, pero indudablemente el prologista tiene razón cuando, previendo la calificación de demasiado monocorde que pudiera atribuírsele al enfoque temático, señala que «la variedad de situaciones y los matices temáticos crean fundamentales diferencias» (12). En efecto, el tema es demasiado fecundo y es usado muy inteligentemente.

En «Las auras» se trata con brevedad pero con penetración la angustia de una prostituta, víctima no sólo del egoismo, la violencia y la lujuria de su amante, sino de las condiciones y costumbres sociales en que está sumida. Con prosa sencilla, pero cortante y cargada de alusiones, Montes Huidobro logra pintar muy nítidamente la erupción de un acto de venganza, en medio de vacilaciones entre la resignación y la protesta. El título subraya el papel simbólico de las auras, papel que el autor explica: «Auras sin cielo que daban vueltas y vueltas sobre su cabeza para picotearle el vientre. Las auras que él había creado y ahora volvían hacia él» (25).

En «La constante distacia», con uso de una técnica en que se intercalan narraciones y retrospecciones, se plantea la frustración de una hija, que crece en constante alejamiento de su padre pero para la cual, la apetencia de tenerlo cerca se convierte en obsesiva. El autor presenta tres generaciones de figuras femeninas, en que la locura de la madre parece tener callados antecedentes en la abuela y todo un hondo palpitar en las entrañas de la hija. Cabrera Infante[10] creyó ver en este cuento una traslación cubana del viejo complejo de Electra.

En «Leandro» nos presenta con sofrenado patetismo, las ultimas resistencias en la agonía de una mujer que no puede comprender la infidelidad de su marido y que al soltar las riendas de la disciplina de su hijo expresa simbólicamente su renuncia a luchar por su dignidad. Viendo en el hijo la representación del egoísmo del padre, del egoísmo del hombre, la señora de García decide resignarse: «no había nada que buscar en nadie» (58). Montes Huidobro, sin teorizar, hace evidente la triste condición de la mujer en ciertas sociedades, en las que el rigor social las somete a injusticias y sufrimientos sin camino de redención.

Con igual patetismo que la madre de Leandro, la María Luisa del siguiente cuento, «El ofrecimiento» buscaba desesperada pero infructuosamente encontrar en la unión física con su marido «que aquel hombre le brindase aquel minuto de amor que la vida y él le debían» (76). A esto se añade una nueva dimensión, la miseria, que ahoga a todos los personajes, que los encierra, que los somete a sus iniquidades y les quita toda esperanza.

En «La vida bajo las alas», la nota pesimista con que acaba el cuento anterior, en el que María Luisa condenada de antemano por su indefensión a una vida de sufrimiento y agonía dejaba caer la cabeza, como decapitada, se transforma en todo un canto de esperanza. La mujer de nuevo frustrada en su espiritualidad amorosa por el desdén del marido, se refugia poéticamente en la contemplación de la naturaleza. La observación de las plantas y de los pájaros en el patio de su casa, que adquiere en la narración un elevado matiz poético, la nutre de una fecunda vida interior, «Ahora amaba la naturaleza más profundamente, alejada por completo del hombre que durante un tiempo la contempló a su lado» (87). El autor termina este cuento, como el anterior, enfocando la atención en el personaje femenino, pero por constraste, si en «El ofrecimiento» la observación se detenía en el exterior de la mujer, que era todo un símbolo de su realidad interior, pues con su dejar caer la cabeza estaba expresando la decapitación de sus ilusiones, en el segundo, en concordancia con el mensaje que insinuaba el título, el escritor penetraba en el interior del personaje para atisbar que llevaba allá adentro un profundo manantial de espiritualidad.

En «Muerte nueva en Verona», en una innovadora recreación del famoso drama shakespiriano, el amor de los jóvenes esposos lucha contra las obligaciones que les impone a éstos la necesidad de sobrevivir en un ambiente de estrecheces y miserias. Montes Huidobro enfrenta el amor a su peor enemigo la cotidianidad: «No quiero manchar esta historia con cosas sucias. Es una historia de amor. Pero las cosas sucias están en todo, hasta dentro de las cosas bellas, de las cosas hermosas» (98) y más adelante «pero la vida es también un caldo espeso y pestilente que no tiene palabras, que solo tiene rejas y murallas, tiburones, fieras y horarios que separan como las familias enemigas de Verona separaban a los hijos que se amaban» (98-99). Sin embargo, la ternura de los amantes sigue luchando contra los rigores y las penurias de su vida, «No puedo hablar, pero no grites: no es culpa nuestra el tener que vivir en esta extraña ciudad amurallada» (100).

Las restantes cuatro narraciones que cierran el libro, aunque mantienen la temática central de la asfixia y frustración humana, tienen un mayor sustrato histórico, pues reflejan, en ocasiones muy nítidamente, la gran tragedia que vive la patria cubana, en que el rigor político sofoca el genuino ejercicio de la libertad, que es tan consustancial a la dignidad del hombre. Es verdad que esta crítica a ciertas realidades histórico-políticas no se torna en apasionamiento que resienta la calidad literaria de las mismas, sino que se sublimiza por ese afán del autor de integrar los temas en un nivel literario y por su natural inclinación a universalizar todas las cuestiones y enfocar el tratamiento de las situaciones en su dimensión esencialmente humana. Queda, no obstante, allá en el fondo, como elemento de unidad de estos cuatro cuentos el doble símbolo que los agrupa: Cuba-Mujer.

En «La anunciación», Montes Huidobro vuelve a presentar en Doña Camila, la mujer frustrada y sufriente ante los desvíos del marido, en una sociedad que los acepta como privilegio del varón, pero le añade una dimensión simbólica cargada de repercuciones históricas y matizada de elementos religiosos. Partiendo de la simbología nominal contenida en el título, el autor, sigue cierta tradición literaria de irreverencia, que existe por contraste en pueblos tan católicos como los hispanos, al mantener una constante alusión al dogma de la inmaculada concepción para crear una situación de antítesis pues se trata del nacimiento de un engendro humano, Fidel Zaldivar y Valdés, que es el nombre que se le da en el cuento al dictador comunista de Cuba. Con extremo cuidado, Montes Huidobro relega a dos largas acotaciones toda la honda amargura del escritor exiliado, acotaciones que reviste de esa ironía sutil que tanto le caracteriza y que es sólo su defensa para no dejarse arrastrar por su dolor. En el cuento se insinúan una multiplicidad de planteamientos y hay como en «Las auras» yuxtaposición de elementos religiosos, católicos y de santería. En fin, dotado de profundo simbolismo, el relato posee distintos niveles pero se concentra en el tema central del sufrimiento de dos mujeres, Doña Camila y Panchita Valdés, de distintas clases sociales pero sumida cada una en la agonía que en su específico estado social, el egoísmo del hombre les ha asignado sin que ninguno de los mecanismos sociales, según puede interpretarse, propicien su adecuada redención.

«Los indignados» es una pintura de la cobardía moral del ser humano. Está patente la presente realidad de la patria del autor: censura, falta de garantías jurídicas, desprecio a la dignidad del hombre pero se subraya el cinismo del personaje: convivencia con el régimen político anterior, adaptación a las nuevas circunstancias por motivos pragmáticos. La realidad histórica queda en una sombra de trasfondo, la luz se concentra en la debilidad innata del hombre. El personaje se presenta renegando del ideal y transigiendo por la necesidad de sobrevivir. Encontramos en este relato una magnífica presentación de la claudicación que al espíritu humano trata de imponer todo régimen absolutista, negador de la libertad del hombre.

«Ratas en la isla» revela la agonía de una mujer que intuye el abismo ético que un sistema político nefasto somete a sus conciudadanos. «Lo que ocurría carecía para ella de una explicación lógica, como si el absurdo se hubiera apoderado de las cosas» (148). Con simbolismo, plantea el autor, la protagonista no podía creer que había ratas en la isla aunque las veía: «no, ella no podía entenderlo. La ciudad siempre había sido limpia y clara y brillante bajo el sol. Por eso, ella no podía entender que hubiera ratas en la isla» (149). Montes Huidobro capta eficazmente en estos cuentos el clima de propaganda obsesionante que todo gobierno marxista somete al espíritu humano, pero lo refleja a través de la angustia de sus personajes, de su laberinto interior, creando una atmósfera alucinante, onírica, que demuestra hasta que punto el adoctrinamiento de la mentira puede engendrar la agonía de la lucidez.

En el último cuento, quizás con recrudecimiento de la carga ideológica, se denuncia lo que de negación al espíritu humano tienen no sólo las sociedades marxistas sino las capitalistas que en su exceso de egoísmo y materialismo no prestan oído al llanto de los que sufren y desesperan. Muy felizmente y a través de la buscada objetividad de una observación de clase en un jardín de la infancia en una isla esclavizada, se muestra la atroz decapitación de la dignidad humana que constituye la pedagogía comunista. Montes Huidobro termina su cuento con una exaltación desgarrada en que palpita la nostalgia de su tierra pero también la angustia y la agonía de la conciencia humana:

> Las islas, nunca olvidaré las islas, las islas vivirán eternamente dentro de mí, las islas, canto a las islas, las islas eternas del Atlántico, las islas eternas del Pacifico, llave del golfo, estrella del futuro, Sangrilá perdido y recuperado, vellocino de oro, fuente de la juventud.
>
> Islas enterradas y sepultadas en medio del mar y envueltas en una desolación sin nombre» (190).

En resumen, la lectura de este agónico y a veces torturante libro de cuentos de Montes Huidobro deja una sensación de amargura en el lector, pero hay es estas páginas, a pesar de la angustia, a pesar de la asfixia constante que es el vivir de sus personajes, un profundo manantial de esperanza en ese afán de éstos de encontrar entre tanto sufrimiento un ideal que los aliente y los conforte. Muchos de ellos expresan con su lucha una magnífica reafirmación de dignidad humana. No obstante, en ocasiones, Montes Huidobro matiza sus cuentos con una sutil ironía que es, en cierta medida, reiteramos, su manera de reaccionar ante lo caótico de la realidad. Esto, que está ligado a un uso de determinados tonos paródicos que se observan a veces también en su novelística, permite acercarlo a una corriente de perfiles satíricos que se ha hecho muy patente en la narrativa hispanoamericana contemporánea y en especial en la cubana.

NOTAS

1. Matías Montes Huidobro. *La anunciación y otros cuentos cubanos.* Madrid Gráfico Clemares, 1967. Todas las citas de los cuentos se referirán a esta edición y se expresarán mediante el número de la página correspondiente a continuación de la cita, entre paréntesis.

2. «La constante distancia» fue publicada en 1956 en la revista *Carteles*; «Las auras» en el periódico *Revolución* en 1959 y «Leandro» en *Revista de la Universidad de las Villas* en 1961.

3. «Ratas en la isla». *Diario las Américas*, Miami, octubre 10 de 1967, previamente publicada en inglés con el título de «Rats in the island», *The husk,* Cornell College, Iowa, diciembre, 1966.

4. Escritos en Cuba: «El ofrecimiento», «La vida bajo las alas» y «Muerte nueva en Verona». En los Estados Unidos: «La anunciación», «Ratas en la isla» y «Las islas».

Segun afirmación del escritor en correspondencia con el autor de esta ponencia.

5. Julio Hernández Miyares. *Narradores cubanos de hoy,* Miami, Ediciones Universal, 1975, 123-35.

6. Max Henríquez Ureña, *Panorama histórico de la literatura cubana,* (2° tomo). Puerto Rico, Ediciones Mirador, 1963, 404.

7. Guillermo Cabrera Infante, «Comentario a 'La constante distancia'», *Carteles,* Habana, 1956.

8. *Ibid.*

9. Seymour Menton. *El cuento hispanoamericano,* (2° tomo), México, Fondo de Cultura Económica, segunda reimpresión, 1974, 8.

10. Guillermo Cabrera Infante, *artículo citado.*

IMPRESIONISMO Y POSITIVISMO EN LA CRÍTICA LITERARIA DE MANUEL SANGUILY

CONFERENCIA LEÍDA EL 5 DE NOVIEMBRE DE 1979 EN FLORIDA INTERNATIONAL UNIVERSITY, MIAMI, FLORIDA, EN EL CONGRESO SOBRE LITERATURA CUBANA ORGANIZADO POR ESA UNIVERSIDAD EN HOMENAJE A ENRIQUE LABRADOR RUIZ. ESTE TRABAJO APARECIÓ PUBLICADO EN CÍRCULO: REVISTA DE CULTURA, *VOL. X, AÑO 1981, 47-55.*

Manuel Sanguily es una de las figuras de más relieve de esa importante generación de críticos literarios que honra las letras cubanas en la segunda mitad del siglo XIX y que extiende su repercusión a las primeras décadas del presente siglo. Hombres de la categoría intelectual de José Martí, Enrique José Varona, Enrique Piñeyro, Nicolás Heredia, Rafael María Merchan, José de Armas (Justo de Lara), Manuel de la Cruz, Esteban Borrero Echevarría y otros igualmente destacados integran, con Sanguily, una pléyade que dota al ensayo y a la crítica de aquella época de una extraordinaria relevancia en la historia de la literatura cubana.

La figura de Sanguily, como la de muchos de su generación, tiene muy variadas facetas. Obtuvo logros y mereció amplio reconocimiento como patriota, como hombre público, como orador, como literato, pero solamente enfocaremos nuestra atención en su labor de crítica literaria, que es de gran importancia en el desenvolvimiento histórico de la exegética cubana.

La vocación literaria de Sanguily fue una de sus características más determinantes durante su larga y fecunda vida. Colaboró en muchas de las más prestigiosas revistas literarias de su tiempo, como la *Revista de Cuba,* la *Revista cubana, La Habana literaria, La Habana elegante* y en su *Hojas literarias.* Con el advenimiento de la república, y pese a sus labores cívicas, continuó su quehacer literario que fue recogido en numerosas publicaciones, baste citar, por ejemplo, *Letras, Cuba contemporánea,* y *El fígaro.* Pero Sanguily no sólo hizo crítica literaria, sino que se preocupó por ella, y aunque no elaboró una teoría general de la exegética, sí expresó en varias ocasiones ciertos conceptos sobre aquélla que arrojan mucha luz sobre su actividad crítica.

El título de la presente ponencia indica claramente que, en nuestra opinión, no se afilió absolutamente a ninguna de las dos grandes escuelas críticas —es decir la positivista y la impresionista— que debatieron intensamente durante el siglo XIX, pues si bien tuvo frases de reconocimiento para el fundador de la exegética positivista, Hipólito Taine, y reconoció la seriedad intelectual de la crítica de Brunétiere, pese a las discrepancias ideológicas que lo separaban de este último, su capacidad analítica y su independencia de criterio, lo llevaron a aplicar los métodos positivistas de crítica literaria sin solidaridades absolutas. Es verdad que repudió la egolatría radical, que en el fondo permea la crítica impresionista, sobre todo la labor de su portaestandarte más destacado, Anatole France, pero sin embargo, hay en ciertos trabajos de Sanguily una diluida influencia del impresionismo. Y es que en el fondo, Manuel Sanguily se adelantó a la historia de la exegética literaria al tomar de cada una de las dos, aparentemente irreconciliables posiciones, las aportaciones que las épocas posteriores iban a decantar como permanentemente valederas.

Muy esclarecedora al efecto es la carta que Sanguily le escribió a Manuel de la Cruz, y que su hijo, y editor de sus obras, colocó a manera de prólogo en uno de los tomos de sus *Juicios literarios*.[1] Con un criterio en el fondo armonizador, sostenía Sanguily: «En mi concepto, toda crítica es científica o no es crítica, y toda crítica, como cualquier obra humana, es eminentemente personal o subjetiva».[2] Parte Sanguily de la premisa de que la crítica, para que sea verdadera, tendrá que realizar una función analítica, o sea, tendrá que llevar a cabo una evaluación comparativa, definidora, en resumen, juzgadora, que deberá tener necesariamente una visión objetiva. Dice más adelante, precisando conceptos: «La verdadera obra de arte, bien pensada a la par que sentida, es una síntesis. La crítica es ante todo un análisis. La una produce determinados aspectos. La otra procura investigar la razón de aquellos efectos. El artista verdadero es un sabio que se ignora. El crítico es un artista que pretende comprender a otro».[3] Sanguily se dio cuenta de los errores básicos de la exegética subjetivista, que al exagerar los aspectos personales se despojaba de la objetividad que debía caracterizarla, pero al calificar de artista al crítico se acercaba indudablemente al impresionismo y se adelantaba a las generaciones posteriores, que juzgando severamente los fallos de la perspectiva subjetivista han reconocido, no obstante, su sustrato valedero, es decir, que en definitiva siendo la crítica una obra de arte ha de reflejar necesariamente la esencia del hombre que hay en el crítico cuando éste emite su juicio. Así afirma: «Al cabo y en definitiva toda crítica es una impresión. Un hombre—sea crítico o artista— es un temperamento que actúa siempre y respecto a toda cosa en condiciones especiales».[4] Es decir, el destacado crítico cubano se encuentra influido sustancialmente por la escuela tainiana, pero no deja de tener en cuenta ciertos elementos que están subyacentes en la crítica impresionista más moderada.

Sanguily precisó su filiación positivista cuando afirmó: «Comprender es la misión del crítico frente a una obra de arte, a más de sentirla, como le sucede a casi todo el mundo; acaso más de la mayor parte de los que la contemplan, porque se siente más a medida que se comprende mejor; y crearla es la misión del artista. Comprender es referir una cosa a sus causas y a sus efectos, es colocarla en su cuadro de condiciones y dependencias»[5] y exteriorizó aún más sus simpatías cuando reprodujo prácticamente los conceptos que Hipólito Taine postulara en su famoso prólogo a su *Historia de la literatura inglesa,*[6] es decir, la evaluación de las obras a la luz de los factores de raza, medio y época y se hizo eco de los principios de la escuela psicológica de Sainte Beuve cuando añadió: «Una oda, un epigrama, un libro sobre cualquier materia, son hechos que tienen sus condiciones propias y sus naturales dependencias. Serían incomprensibles sin el conocimiento del autor, de su espíritu; y el espíritu del autor no se explica sin el conocimiento de su familia y raza, sin la biografía, la herencia, la constitución personal»[7] y más adelante continúa: «La obra producida, a su vez, presenta múltiples aspectos; refleja completamente a un hombre, el autor mismo, su espíritu, su carácter, sus aficiones, sus sentimientos, sus ideas, y —por su intermediario— la sociedad, el público, la escuela artística, el gusto dominante, las tendencias capitales: es, en una palabra, expresión total y sintética».[8]

Del conocimiento de la obra de Taine que tenía Sanguily da prueba evidente la totalidad de su obra crítica en la que aplica los métodos tainianos y en la que las referencias al gran exégeta francés son relativamente frecuentes. Tiene especial significación el trabajo que le dedicara con ocasión de su fallecimiento. Aunque en este breve ensayo, el énfasis está en el enfoque de su dimensión como filósofo e historiador, en su párrafo final, por su carácter generalizador, anticipa la perdurabilidad de su obra crítica: «La sustancia de su entendimiento, por el poder de su talento artístico, combinada de nuevos modos acaso no desaparecerá jamás por completo del espíritu humano».[9] Hay, en efecto, aportes esenciales en la escuela tainiana que, si bien mezclados y confundidos, han permanecido valederos, pues, a pesar del enfoque textual de la crítica contemporánea, existen determinados factores ambientales y biográficos que se han incorporado y diluido en el texto y que por tanto el crítico tiene que tener en cuenta aunque a éste, actualmente, no le interese conocer sus raíces extratextuales.

En un artículo en relación al libro de Enrique Piñeyro sobre José Manuel Quintana[10] con motivo de una crítica poco fundada sobre la obra de su maestro, aplica Sanguily el método tainiano cuando al reconocer el acierto que había tenido Piñeyro de justificar el gusto afrancesado que se notaba en la prosa de Quintana —que se debía, según Piñeyro, a la educación que recibió, la atmósfera literaria y filosófica que respiró durante sus estudios, las formas que desde su niñez, se grabaron en su cerebro, es decir, los aludidos factores tainianos de raza, medio y época— agregaba Sanguily: «Palabra por palabra, esto mismo se repetiría con acierto y oportunidad aplicándolo al señor Piñeyro como enumeración de las circunstancias que han producido su manera de pensar y de escribir».[11]

En un trabajo sobre Fernando Brunétiere,[12] Sanguily, después de expresar sus discrepancias ideológicas con el inteligente defensor de las ideas católicas y de hacer algún que otro satírico comentario sobre su súbita conversión al catolicismo, enfoca muy favorablemente su labor crítica asimilándola a la labor de Taine, por quien, como se sabe y ratifica Sanguily, Brunétiere profesó la más respetuosa simpatía. Afirma Sanguily: «Taine...hacía originales y soberbias aplicaciones a las letras de los métodos del positivismo»[13] y más adelante agrega: «Ambos —el gran maestro y el gran discípulo— buscaban por los caminos de las ciencias naturales la manera de constituir la crítica 'objetiva', en cuyo esfuerzo fue Mr. Brunétiere el constante enemigo de lo que se denominó la crítica impresionista»[14] y después de lanzar una andanada contra Anatole France al que le imputa «que vive y campea todavía y por mucho tiempo vivirá para satisfacción y medios de la superficialidad y de la audacia»[15] concluye el párrafo, con un reconocimiento a Taine y a Brunétiere pero en el que se desliza al final ese escepticismo sutil que a veces aparece en su obra. Dice así: «...pero es una gloria de Taine el haber procurado asentar en sólidas bases el juicio literario y artístico, y gloria de Mr. Brunétiere el continuar aquél tan necesario, tan legítimo y hasta el presente vano e inútil empeño».[16]

En el trabajo que dedicara a evaluar los *Cromitos cubanos* de Manuel de la Cruz,[17] expresa una opinión positiva sobre éste porque precisamente trató de aplicar en su obra el método tainiano aunque le critica severamente por no ser tolerante con los que no opinan políticamente como él. Advierte contra los peligros que acarrea el tratar de aplicar el referido método sin evaluar las complejidades de los conceptos a que alude Taine cuando habla de raza, medio y época y aunque reconoce el intento de de la Cruz de seguir una orientación sociológica en su trabajo, concluye que éste carece de la rigurosidad de Taine. Así afirma: «Al revés del maestro, que amontonaba los hechos más insignificantes al lado de los característicos y expresivos, sirviéndose de las imágenes para aclararlos y fijarlos, el señor Cruz escasea los datos y con algunos pocos matices construye sus vaporosas figuras».[18] Pese a estas críticas, Sanguily considera que de la Cruz había hecho un libro en que se captaba la concepción del hombre en un medio o ambiente social y no aislado de él. En definitiva, que ve en ese libro como positivo el afán del autor de seguir a Taine y como negativo el que, pese al esfuerzo que llevó a cabo de la Cruz, no lograra su objetivo cumplidamente.

En el largo ensayo en que estudia *Leonela*,[19] la novela de Nicolás Heredia, Sanguily se preocupa de encontrar sus esencias cubanas y el colorido local de la misma. Contempla esta obra como un rico panorama de Cuba y la considera el cuadro completo de la vida social de una de sus comarcas antes del alzamiento de Céspedes. Reconoce que la presentación que se hace en *Leonela* de la sociedad cubana es demasiado ridícula y por momentos, lastimosa, y ve este trasfondo de la creación narrativa de Heredia como una fiel captación de la realidad social de su patria en aquella época. Es más, se asombra pensando que pese a esta fidelidad en la reproducción de la miseria moral de la sociedad cubana que había logrado Heredia, la misma había sido capaz de producir esa «protesta de la conciencia indignada»[20] que constituyó la Guerra de los Diez Años.

En el artículo sobre el libro de Piñeyro que trata de José Manuel Quintana, previamente comentado, señala, como de pasada, pero con gran precisión, diferencias fundamentales que separan al positivista Hipólito Taine del impresionista Jules Lemaitre. Para Sanguily, Taine tiene menos preocupación por la actividad literaria de su época, es menos dado al examen literario de obras sueltas, pero, aludiendo a su crítica científica lo considera un fundador, un crítico único y le atribuye que había construido un sistema de filosofía y teorías artísticas y que su crítica consistía en la aplicación metódica de su sistema y de sus teorías.[21] Más adelante precisa: «Taine es un pensador, un escritor sistemático, que ha buscado y encontrado un método y lo aplica a todas las cosas... con su estilo, una manera suya de escribir y —desde luego— con magnificencia y esplendor».[22] Sin embargo, a Jules Lemaitre lo veía más literato, en la acepción técnica y artística de la palabra, en fin, un escritor de «arte literario», y le llegaba a calificar de «móvil, ligero, gracioso, modernista»[23] y justificaba tal clasificación afirmando que se debía a que escribía para lectores de París y en la «efervescencia gala de aquella atmósfera».[24] Hay que recordar a ese efecto que Juan J. Remos[25] señaló entre las influencias literarias que se encuentran en la crítica de Sanguily, la de Jules Lemaitre, y que Salvador Bueno[26] vio en la vertiente impresionista de la crítica sanguiliniana también el aporte de Lemaitre, y subrayó concretamente como ejemplo de tal influencia sus instantáneas sobre Piñeyro, Varona y el Conde Kostia.

Sanguily fue sin duda un literato. La belleza de su prosa, las explosiones emotivas que en ocasiones se producen en ella interrumpiendo el discurrir de su razón, el lirismo que a veces palpita en su prosa, está muy lejos de las arideces de los textos tainianos y más cerca de esa movilidad, esa ligereza y gracia que admiraba en Lemaitre. Hay en la prosa de Sanguily mucho del ingenio y la finura de observación que caracterizó a aquél. Además, su visión totalizadora del individuo, le hacía ver toda obra como producto de una completa dimensión humana, en que la razón, siempre poderosa, tenía que dar cabida a otros elementos también fundamentales. Así, afirmaba: «El individuo no es inteligencia sola; sino que actúa indefectiblemente por modo total, en la integridad de su persona, tan variable, tan compleja, como que está sometida a infinidad de agentes e inferencias. Por lo mismo, toda crítica resulta, en definitiva, eminentemente personal, aun la de los que pretenden ceñirse, en su ejercicio, a reglas fijas y principios».[27] He ahí su firme pero conciliadora actitud. Ello, no obstante, no significaba, reiteramos, que su modestia pudiera coincidir con la crítica más estridentemente subjetivista que siempre rechazó y al efecto afirmaba: «Lo único que me es dable asegurar, y puedo desde luego asegurarlo, es que impresionista o no, procuraré con cuidado de librarme de la crítica de temperamento».[28] Estaba además muy consciente de la transitoriedad de los radicalismos ideológicos y veía el mensaje conciliador de la Historia, cuando decía: «Pero en sus mismas vicisitudes el ideal, como todo cuanto existe, se modifica también, y la posteridad —que concibe pero que no puede sentir las angustias ni las alegrías de lo pasado,— casi nunca, y sin temor puede afirmarse que nunca, atribuye exclusivamente la razón á uno sólo de los bandos, á una sola de las ideas que lucharon á su hora por el triunfo, en algún rincón del planeta».[29] Y en un estudio titulado «Nuevo libro de Piñeyro»[30] vuelve sobre el mismo tema y subraya de nuevo la transitoriedad de las ideas, las escuelas, las reputaciones y los hombres.

Es muy sintomático y esclarecedor que Sanguily termine el aludido trabajo sobre la crítica literaria con una declaración de escepticismo. Advierte de las limitaciones y riesgos de una exegética basada en una perspectiva exclusivamente estética porque pudiera perder de vista la obra entera en su unidad íntima y particular, y casi con palabras semejantes a su contemporáneo Enrique José Varona, otro cubano como él, lleno de escepticismo ante la crítica, pero que también la cultivó durante toda su vida, dice Sanguily: «Lo confieso tímidamente: la crítica me inspira respeto y muy poca fe»[31] y aclarando las causas señala: «Ah, es porque el crítico ve lo que puede y ve siempre al través de sus propias condiciones y circunstancias; la obra artística es, pues, para el espíritu humano algo muy semejante a la nube de Hamlet».[32]

Pese a esa poca fe en la crítica, que emanaba de su conocimiento de las debilidades humanas, ésta le inspiraba, como decía, respeto, por la gran misión ética que la misma conlleva, pues Sanguily fue un enamorado de la verdad. Bien sabía él las pocas fuerzas del hombre para alcanzarla pero encontraba toda una profunda reafirmación de espiritualidad humana en el afán de investigar. «Todo se puede investigar y aquilatar —ideas, creencias, el genio mismo— y quien lo hace no merece por cierto censura y mucho menos vilipendio».[33] Esa profunda misión ética que siempre atribuyó a la crítica lo llevó a polémicas y a conflictos y aunque Manuel de la Cruz, le censuró su excesiva generosidad en *Oradores de Cuba,* —quizás motivada, según confesión de Sanguily, por haber sido escrito dicho libro en una época en que él se inclinaba a otorgar laureles—, lo cierto es que se vio frecuentemente atacado porque se le imputaba severidad crítica, ataque que provenía de una falsa interpretación de patriotismo literario. Hablando realmente para la Historia proclamó: «El patriotismo cabe en todo y sirve para todo, cuando todo no le sirva a él; pero me atrevo a no encontrar prudente y legítimo que en su nombre se amordace el pensamiento y se anule a la crítica, cuando, en definitiva, ni el patriotismo se prueba abdicando la dignidad del espíritu, ni se le lleva como una marca en medio de la frente».[34]

Pudo incurrir en errores y en exaltaciones, pero se caracterizó sobre todo por su gran sinceridad. A veces, como él mismo lo reconoció,[35] la rápida improvisación a que su fecunda labor literaria lo sometió lo traicionó innecesariamente como cuando juzgó con severidad excesiva a Gabriel de la Concepción Valdés, Plácido, olvidando «la piadosa conmiseración que me inspira su destino y la simpática admiración que siento por su genio malogrado».[36]

En resumen, Manuel Sanguily es un crítico que asombra por su maravillosa erudición pese a que gran parte de su vida la dedicó a mitigar las agonías de la patria y que exhibe a través de su obra exegética extensas lecturas acumuladas a costa de no se sabe cuántos impensados sacrificios entre andanzas insurrectas, exilio patriótico y noble labor republicana. Pero Sanguily no sólo leyó mucho sino que lo sometió todo a una evaluación honesta y concienzuda. Lo que más impresiona a quien lo lea ahora, con la serenidad que la lejanía de los años necesariamente otorga, es su sinceridad, casi su candor, pese a su ironía, a sus arranques satíricos. Impresiona este esfuerzo consciente y sostenido de hallar su verdad y decirla claramente. Impresiona esto, más que su erudición, que su capacidad analítica, que su belleza expresiva. Fue, Manuel Sanguily, un crítico genuino, que al captar materiales exegéticos diversos y hasta aparentemente contradictorios y saberlos utilizar conciliándolos armónicamente, logró en su empleo una marcada originalidad.

NOTAS

1. Manuel Sanguily. «La crítica literaria». *Obras de Manuel Sanguily,* Juicios literarios. Tomo VII, vol. 2°, Literatura extranjera, La Habana, Molina y Cía. Impresores, 1930, 7-18.
2. *Ibid.,* 9.
3. *Ibid.,* 11.
4. *Ibid.,* 16.
5. *Ibid.,* 13.
6. Hypólite Taine. *Histoire de la litterature anglaise,* Paris, L. Hachette e Cie., 1897-99, 10ª edic.
7. Manuel Sanguily, *Art. cit.,* 14-15.
8. *Ibid.,* 15.
9. Manuel Sanguily. «H. Taine». *Ob. cit.,* 205-11.
10. Manuel Sanguily. «Quintana». *Obras de Manuel Sanguily,* Enrique Piñeyro, Tomo IV, La Habana, A. Dorrbecker, impresor, 1927, 101-54.
11. *Ibid.,* 19.
12. Manuel Sanguily. «Ferdinand Brunétiere». *Op. cit.* Tomo VII, vol. 2°, 311-20.
13. *Ibid.,* 315.
14. *Ibid.,* 316.
15. *Ibid.*
16. *Ibid.*
17. Manuel Sanguily. *Op. cit.* Tomo VII, vol. 1°, 93-128.
18. *Ibid.,* 111.
19. Manuel Sanguily. «La novela de Nicolás Heredia». *Op. cit.* Tomo VII, vol. 1°, 163-204.
20. *Ibid.,* 204.
21. Manuel Sanguily. *Op. cit.* Tomo IV, 110.
22. *Ibid.*
23. *Ibid.*
24. *Ibid.*
25. Juan J. Remos. *Historia de la literatura cubana,* vol. II, Miami, Mnemosyne Publishing Co., 1969, 672.
26. Salvador Bueno. *Historia de la literatura cubana,* Habana, Editorial Nacional de Cuba, 3ª edición, 1963, 253.
27. Manuel Sanguily. «Al lector». *Op. cit.* Tomo VII, vol. 1°, 31.
28. *Ibid.,* 32.

29. *Ibid.*, 33.
30. Manuel Sanguily. «Nuevo libro de Piñeyro», *Op. cit.* Tomo IV, 221-230.
31. Manuel Sanguily. *Op. cit.* Tomo VII, vol. 2°, 17.
32. *Ibid.*, 18.
33. Manuel Sanguily. «Alrededor de Heredia», *Op. cit.*, Tomo VII, vol. 1°, 428.
34. *Ibid.*, 427.
35. *Ibid.*, 429.
36. *Ibid.*

CONSIDERACIONES SOBRE MANUEL ZENO GANDÍA: EL NATURALISMO MODERADO DE SU NOVELÍSTICA

CONFERENCIA LEÍDA EL 13 DE AGOSTO DE 1980, EN LA LXII REUNIÓN ANUAL DE LA «AMERICAN ASSOCIATION OF TEACHERS OF SPANISH AND PORTUGUESE» EN EL CARIBE HILTON HOTEL DE SAN JUAN, PUERTO RICO, SESIÓN DE LITERATURA PUERTORRIQUEÑA.

Manuel Zeno Gandía es una de las grandes figuras del movimiento naturalista en la novelística de Hispanoamérica. Es verdad que a su naturalismo se le han hecho reparos pero los mismos cabrían hacerse, en mayor o menor medida, a la mayoría de los autores naturalistas hispanoamericanos. La labor creativa de Manuel Zeno Gandía, fundamentalmente sus dos primeras novelas de corte naturalista *Garduña* y *La charca,* se escribe en un periodo de la literatura puertorriqueña en que las obras que en mayor o menor medida están influidos por el naturalismo se multiplican. Dentro de ellas podemos citar a *Inocencia* de Francisco del Valle Artiles, novela realista en que se estudia un infanticidio y en el que se atisban ciertas tendencias hacia el analisis de las causas biológicas y sociales del crimen, a *La Pecadora* de Salvador Brau también de tendencia realista aunque de matiz costumbrista, a *La Injuria* de Federico Degetan, en cuyo prólogo el autor se afilia a la técnica de la reproducción cuidadosa de la realidad, a *Cosas* y *El escándalo* de Matias Gonzalez García, novelas que se acercan más que las anteriores a la orientación naturalista, pero es innegable, y la crítica coincide así en reconocerlo, que es con Manuel Zeno Gandía con el que la novela naturalista alcanza en Puerto Rico su mayor relieve literario.

Manuel Zeno Gandía, médico de profesión y de familia de destacada posición económica pudo viajar al continente europeo en los años en que el naturalismo triunfaba en los círculos literarios de ese continente. Zeno Gandía aportó al naturalismo hispanoamericano cuatro novelas y un manifiesto de sus ideas estéticas. Salvo sus dos primeras novelas de corte romántico *Rosa de Mármol* y *Piccola*[1] cuya acción se desarrolla en Italia, toda su obra novelística sigue con ciertas diferencias de matiz la orientación naturalista. Ya hemos mencionado sus dos primeros libros afiliados a este movimiento *La Charca* (1894) y *Carduña* (1896) aunque esta última fue escrita con anterioridad a la primera. Después, los graves acontecimientos históricos de 1898 engendraron una suspensión de su trabajo novelístico, que no se renovó hasta 1922 con la publicación de *El negocio* a la que siguió en 1925 *Redentores.* Las cuatro novelas de corte naturalista de Zeno Gandía se agrupan bajo el subtítulo común de *Crónicas de un mundo enfermo*, nombre sugerente que recuerda *La Historia natural y social de una familia bajo el Segundo Imperio* de Emilio Zola.

El manifiesto literario de Zeno Gandía, al que antes hemos aludido, está constituido por el prólogo que hizo a *La Muñeca* de Carmela Eulate Sanjurjo en 1895. En el mismo proclamó vehementemente su firme creencia en el naturalismo al que calificó de «lo único formal, útil y positivamente artístico»[2] llamándolo «fórmula científica, procedimiento lógico y razonable»[3] y mostrando su fe en el triunfo de ese movimiento. Sin embargo aunque un análisis de su obra novelística nos permite afiliarlo al naturalismo, el de Zeno Gandía es un poco moderado.

Julia María Guzmán sitúa a Zeno entre el naturalismo de Zola y de Emilia Pardo Bazán y los realistas españoles, agregando que el naturalismo de Zeno Gandía es «un realismo penetrante».[4] A su vez, Guillermo Ara[5] ve en lo que llama el idealismo innato de Zeno Gandía, la razón que impide que pueda calificársele como un genuino representante de la escuela experimental.

Por otra parte, Samuel R. Quiñones, en un artículo sobre este autor publicado en 1935 en la revista *Ateneo Puertorriqueño*, subrayó dos elementos que hacían más viable a Zeno el cultivo de la novela experimental: «su condición de médico y el medio en que se desenvolvían sus obras».[6] En este propio artículo calificó a Zeno de naturalista en alto grado y aludió al documentarismo que lo caracterizaba refiriéndose a la tendencia a la descripción de lo desagradable.[7] Sin embargo, pese al vigor con que defendió la afiliación naturalista de Zeno, Quiñones tuvo que reconocer que el novelista puertorriqueño careció de una condición que los grandes maestros de la escuela experimental reputaban indispensable: la impersonalidad. En efecto, Quiñones acierta al afirmar que «Zeno no logra de ordinario mantenerse fuera de la novela» y que «se le metía dentro a los personajes, se identificaba con ellos, hablaba por sus bocas».[8] Es decir, que Zeno despojaba en muchas ocasiones a la novela de la objetividad a que aspiraba el novelista naturalista.

En resumen, que es imposible tratar de encuadrar a Zeno Gandía dentro de un naturalismo riguroso, pero ya hemos dicho que muchos de los autores de Hispanoamérica de esta tendencia y especialmente del Caribe, presentan un naturalismo un tanto diluido y heterodoxo. Esto no quiere decir que podamos desconocer dicha influencia en su obra. Hay que hacer la salvedad que aunque Zeno Gandía, en el mencionado prólogo a la novela *La muñeca* de Carmela Eulate Sanjurjo, estableció bien a las claras sus sentimientos acerca del naturalismo, sus manifestaciones teóricas no concuerdan absolutamente con sus creaciones artísticas. No obstante, Zeno Gandía pretendió presentarse como novelista naturalista y en su obra hay muchos tintes de ese movimiento literario. El naturalismo de Zeno Gandía no sigue, en ocasiones, la rigurosidad de la novela experimental de Emilio Zola pero es innegable que en sus obras, si excluimos desde luego sus aludidas novelas iniciales de influencia romántica, hay un sustrato ideológico de base materialista, una actitud de denuncia de los males sociales, en algunos casos una tendencia a la llamada minuciosidad naturalista, no faltando el regodeo en la descripción de lo bajo y repugnante. Sus personajes, aunque con cierta variación, están determinados por sus circunstancias biológicas, familiares y sociales. En resumen, un análisis de sus obras permite afirmar que en su novelística hay abundantes elementos para afiliarlo al movimiento naturalista entendido éste en el concepto amplio con el que se manifestó en la América hispana. La lectura de las novelas de Zeno Gandía revela la base naturalista de raíz positivista con que están concebidas.

Es opinión bastante generalizada la de atribuir al movimiento naturalista ciertos caracteres generales que se refieren a su fundamentación ideológica, a sus propósitos y a su técnica. En cuanto a su base conceptual, el naturalismo se apoya en el determinismo. Es decir, en la obra naturalista se presenta al hombre subordinado en su conducta por condiciones biológicas y sociales. En lo biológico el hombre aparece determinado por la herencia, reflejando la influencia de las ideas de Darwin. En lo social, el ser humano aparece condicionado por el ambiente, por el momento histórico en que le había tocado vivir o sea, se mostraba la presencia del pensamiento de Augusto Comte y de Hipólito Taine. Estamos pues ante un credo de origen científico en que la criatura humana se consideraba como materia o naturaleza y en la que de entrada se negaba su génesis espiritual. El determinismo a que estaba sujeto el personaje novelístico abolía toda posibilidad de que éste pudiera ejercitar su libre albedrío, el que por otra parte ni tan siquiera se reconocía.

Claro está, que esa enumeración de elementos caracterizadores de la base ideológica del naturalismo nos lleva, como de la mano, a reconocer la extraordinaria influencia que en este movimiento literario tiene el positivismo no sólo en su sustrato filosófico sino en sus manifestaciones literarias.

En sus novelas, Zeno Gandía nos muestra las clases campesinas atadas a una vida miserable por un ciego determinismo, pues toda la estructura social conspira para impedir ninguna salida a su paupérrima condición. El desempleo, las mínimas condiciones higiénicas engendradoras de crueles enfermedades, no sólo son pintadas por Zeno Gandía sino que los propios personajes en sus diálogos subrayan el mensaje. Por ejemplo, en *La Charca*, el diálogo en el comedor de Juan del Salto, entre éste, el Dr. Pintado y el Padre Esteban nos da, no solamente una muestra del conflicto intelectual que caracterizaba la América Hispana de esa época, la lucha entre el positivismo y el escolasticismo, sino también permite al Dr. Pintado proclamar lo que ha venido diciendo Zeno Gandía durante toda la novela.

En *Garduña* Zeno Gandía vuelve sobre el mismo tema al criticar las condiciones económicas, sociales e higiénicas en que desenvuelve su vida el campesino puertorriqueño, que no dejan otra salida que la vida parasitaria alrededor de la bodega de la villa y la degeneración del alcohol al hombre y el amancebamiento, que en más de un caso terminaba en la prostitución, a la mujer. Así, esta obra finaliza con la escena de denuncia del proxeneta nutriendo con carne joven campesina los lupanares de la capital. En *El negocio* las estratagemas del feroz mercantilismo de Andújar y Galante condicionan la vida de muchos de los personajes. En fin toda la base ideológica del naturalismo se hace patente en estas novelas.

En relación a su técnica, la novela naturalista se caracterizó por un afán de describir exactamente la realidad, lo que se ha dado en llamar el documentarismo naturalista. Pretendiendo el novelista convertirse en el científico que con objetividad analítica evaluaba el fenómeno social y brindaba al lector el desenvolvimiento vital del personaje sometido a un ciego determinismo, era lógico que el escritor hiciera todo esfuerzo necesario para intentar la fiel descripción de la realidad. Esta precisión naturalista llegó a acentuarse sobre todo en la descripción de lo bajo y lo repugnante.

Las obras de Zeno Gandía, como ha señalado Julia María Guzmán en el estudio fundamental ante aludido, *Realismo y Naturalismo en Puerto Rico*, tratan de reproducir al mismo tiempo que analizan, diversos aspectos de la vida de Puerto Rico durante un especifico periodo histórico. Así, en *La Charca* se evalúa la vida de la producción agrícola cafetalera, en *Garduña* la relacionada con la producción del azúcar de caña, en *El negocio* el mundo comercial y en *Redentores*, la vida política.

Encontramos de la misma manera en Zeno Gandía la minuciosidad naturalista, que llega a veces al regodeo ante lo desagradable aunque sin caer en los excesos de los naturalistas franceses. Así por ejemplo en *La Charca*, son escenas de crudo naturalismo, la de la muerte de Martha, que muestra el comienzo de la putrefacción del cadáver, o la narración del ataque epiléptico de Silvina.

En cuanto a la denuncia social, todas sus obras están cargadas de finalidad mejorativa. En *El negocio*, ya lo hemos aludido, existe una denuncia a las inmoralidades que anidan en la vida comercial y que se apoyan en la venalidad de la administración pública. Utilizando los personajes de *La Charca* Andújar y Galante, ahora ubicades en el alto comercio, Zeno Gandía nos denuncia los desafueros de la vida mercantil pero su objetivo va más allá pues su ataque se centra en el nivel político. Ya desde *Garduña* y *La Charca* nos había mostrado lo poca fe de las mases campesinas en la administración de justicia y cómo a través de los leguleyismos y los abusos era ésta realmente una sociedad al margen de la ley. Ahora en *El negocio* y más fundamentalmente en *Redentores,* Zeno Gandía utilizó su arte novelístico en un intento de denuncia para mejorar la sociedad. Esta denuncia es patética y nos muestra las frustraciones de su pueblo que veía fracasados sus sueños de libertad. Todo lo cual está relacionado con los propósitos del naturalismo al que se le ha atribuido una finalidad mejorativa, ya que la novela naturalista tiene cierto relieve de denuncia social. Sin embargo, notamos en *Redentores* una mayor carga pesimista ya que hasta el título es irónico pues su personaje principal Aureo Sol, portaestandarte de los ideales populares, transigirá y capitulará ante las realidades políticas de la época.

Esta acentuación de la nota pesimista, que entibia un poco su militancia naturalista, es común —ya lo hemos dicho en varias ocasiones— a la labor creadora de otro novelista antillano, Carlos Loveira. Esto no significa, en modo alguno, que por ello se puede dejar de ver en estos novelistas ciertos matices naturalistas.

Una consideración final que no está directamente relacionada con el naturalismo de Zeno Gandía pero que produce un contraste con la temática de sus novelas, es el atildamiento que caracteriza a este autor pues el mismo siempre exhibe gran dominio del lenguaje. A veces, nuestro novelista suspende la narración de las miserias y agonías del campesinado y de otros sectores del pueblo puertorriqueño para regalarnos con hermosísimas descripciones del campo de su patria. Hay un intento de acentuar el contraste entre la prodigalidad y hermosura de la naturaleza y la triste situación de los hijos del país, indiferentes a esa belleza porque están sumidos en condiciones que los atan y les impiden disfrutar de esa exuberancia. Ese contraste se hace muy patente en *Garduña.* Por ejemplo, en el capítulo primero, la descripción del hermoso valle de Paraíso (la simbología nominal, a veces negativa, es un elemento frecuente de esta novela) es de una belleza extrarrordinatia y, sin embargo, aparece intercalada en un diálogo que muestra al lector la fealdad moral que caracteriza a algunos de sus habitantes. Esta interrupción de la trama descriptiva de dolores y agonías con exaltaciones líricas ante la belleza del paisaje puertorriqueño es una constante de la novelística de Zeno Gandía y así ha sido reconocido por críticos tan acuciosos como Francisco Manrique Cabrera y María Julia Guzmán. Manuel Zeno Gandía representa en su novelística un naturalismo moderado que es muy típico del llamado naturalismo hispanoamericano, ese movimiento literario de nuestra América, negado por Fernando Alegría, analizado con mucha reserva por Torres Río-Seco, defendido vehementemente por Guillermo Ara.[5] Hay que reconocer que la intelectualidad hispanoamericana sintió en la segunda mitad del siglo XIX un ansia de independendia espiritual, aun en los países que habían logrado su independencia política. El naturalismo, con su matiz científico, con su aire de modernidad, resultó atractivo para muchos de nuestros hombres de letras. Zeno Gandía, cuya vida demostró su inquebrantable amor a su tierra y a su pueblo, no pudo sustraerse de las corrientes de su época. Su extraordinario talento literario le permitió plasmar un mundo novelístico que exhalta y dignifica la historia de la literatura puertorriqueña y que lo coloca en lugar sobresaliente de la novelística hispanoamericana.

NOTAS

1. En la bibliografía de Zeno Gandía que aparece en la obra de Elena Zeno de Matos (*Manuel Zeno Gandía, Documentos biográficos y críticos*, San Juan, Puerto Rico, 1955). *Rosá de Mármol y Píccola* aparecen clasificadas como cuentos, sin embargo Francisco Manrique Cabrera (*Historia de la literatura puertorriqueña*. Rio Piedras. Editorial Cultural, Inc., 1969, 182) las califica de novelas cortas; Julia María Guzmán (*Realismo y naturalismo en Puerto Rico*. Barcelona. Ediciones Rumbos. 1960, 16) las denomina novelas y en igual forma las considera Samuel R. Quiñones («El novelista de Puerto Rico: Manuel Zeno Gandía», *Ateneo Puertorriqueño*. Vol. I, No. 1. San Juan, Puerto Rico, 1935, 33).
2. Manuel Zeno Gandía. Prólogo a *La Muñeca* de Carmela Eluate Sanjurjo, Ponce, Puerto Rico, El Vapir, 1895, XI-XII.
3. *Ibid.*
4. Julia María Guzmán, *Op. Cit.*, 27.
5. Guillermo Ara. *La novela naturalista hispanoamericana*. Buenos Aires. Editorial Universitaria. 1965, 60-61.
6. Samuel R. Quiñones, *Art. Cit.*, 19.
7. Dice Quiñones: «De algunas escenas de *Garduña* y *La Charca* podría decirse que

hieden, vinculando a la expresión el mismo sentido elogioso que le daba Zola cuando hablaba de «hedor» de algunas novelas experimentales». *Ibid.*, 21.
8. *Ibid.*, 24.
9. Véase mi trabajo «El naturalismo en la obra de Carlos Loveira» reproducido en este libro.

ENRIQUE LABRADOR RUIZ Y LA NOVELA NEO-BARROCA CONTEMPORÁNEA DE HISPANOAMÉRICA

CONFERENCIA PRONUNCIADA EL 6 DE OCTUBRE DE 1980 EN FLORIDA INTERNATIONAL UNIVERSITY, MIAMI, FLORIDA, PATROCINADA POR EL COMITÉ DE LA SEMANA DE LA HERENCIA HISPÁNICA DEL CONDADO DE DADE DE ESE ESTADO. FUE REPRODUCIDA EN LINDEN LANE MAGAZINE, VOL. 1, NO. 2, ABRIL/JUNIO, 1982, PRINCETON, N.J. 16-18, EN NÚMERO HOMENAJE A ENRIQUE LABRADOR RUIZ.

Esta ponencia está encaminada a evaluar una faceta poco estudiada de la obra del gran novelista cubano Enrique Labrador Ruiz: la de ser un precursor del neo-barroco que caracteriza, en cierta medida, determinadas corrientes de la actual novelística de Hispanoamérica. No se nos oculta la dificultad de la tarea, en primer lugar por la ya tradicional imprecisión del concepto de «barroco» en sí; además, por las múltiples y diferentes perspectivas desde las que se ha analizado el barroco americano y por tratarse en fin, de un fenómeno literario, el neo-barroco, todavía vigente y sobre el cual la crítica, pese a ser abundante, no ha decantado, ni precisado, conceptos ampliamente aceptados. No obstante, a pesar de todos los inconvenientes de imprecisión conceptual con los que ha de lidiar todo aquél que se adentre por estos caminos, nos mueve a este propósito la esperanza de que este ensayo sea punto de partida para análisis más penetrantes y evaluaciones más eruditas.

Es ya casi lugar común, pero necesario, partir de la imprescindible referencia a ese sustancial libro de Heinrich Wolfflin, *Conceptos fundamentales en la historia del Arte*[1] en donde su autor precisó las diferencias entre el arte del Renacimiento y el del Barroco. Frente a las características renacentistas de lo lineal, el concepto de superficie o plano, la forma cerrada, la unidad y el factor de claridad, Wolfflin atisbaba en lo barroco la profundidad, lo pictórico, la forma abierta, la pluralidad y el concepto de la claridad relativa. Estas cualidades del arte barroco que fueron trasplantadas al plano literario, todavía siguen vigentes aunque sea solamente como puntos de partida para estudiar el fenómeno literario.

Emilio Carilla,[2] tratando de fijar los caracteres esenciales del arte barroco y sobre todo del barroco literario hispánico, ha señalado los siguientes aspectos: la contención (y alarde dentro de la contención) la oposición y la antítesis; lo embellecido (más que lo bello) y como forma particular, la tendencia a la fusión o aproximación de diferentes artes; la individualización de lo feo y lo grotesco; y el desengaño dentro de límites humanos y la trascendencia de ideales religiosos. Por eso pudo decir Mariano Picón Salas[3] que no había una época de complicación y contradicción interior más variada que la del barroco, especialmente la del barroco hispano y Humberto Piñera,[4] que el Barroco, no ya como época sino hasta como concepto, era algo tan comentado, tan llevado y traído, como apenas conocido en lo que real e intrínsecamente pueda ser.

Picón Salas veía asociada a la época barroca, una voluntad de enrevesamiento, de vitalismo en extrema tensión y al mismo tiempo de fuga de lo concreto, de audacísima modernidad en la forma y de extrema vejez en el contenido, es decir, se trataba de una superposición y simultaneidad de síntomas. Humberto Piñera,[5] entrando más a la raíz del problema, apuntaba, como una de las consecuencias fundamentales del Renacimiento, el haber hecho perder al hombre barroco la ingenuidad del hombre medieval. Mientras éste creaba para Dios, el del Barroco, después de lo que Piñera llama la descomunal experiencia de la individualización renacentista, creaba para sí mismo y esto engendraba esa extraordinaria tensión que caracteriza al hombre de la época barroca. Dios y el mundo se habían recogido dentro de él y lo tiraban con igual fuerza. En ese idealismo subjetivo veía Piñera el drama del Barroco.

El concepto de lo barroco ha pasado por una larga evolución que ha ido desde la visión un tanto despectiva con que lo observó parte del siglo XVIII al proceso de reivindicación que se ha experimentado en el siglo XX. Helmut Hatzfeld, por ejemplo, en su fundamental *Estudio sobre el Barroco*, dedica un capítulo a analizar el «uso y abuso del término 'barroco' en la historia literaria».[6] Picón salas ha señalado que la época barroca se caracteriza por una extraordinaria vitalidad, en la que la literatura quiere ser algo más que literatura pues parece invadir, con su deseo de sensación completa, el campo de las demás artes. El barroco aparece así, desde el punto de vista estético, como una época de frenesí total, de un «querer más». Pero el ilustre crítico comprende que ese querer más no aclara todo el problema pues el Renacimiento fue profundamente vitalista. Con gran penetración aunque metafóricamente, señala que «...el Renacimiento fue una época de diálogo, de convivio, mientras que en el barroco hispano prevaleció el monólogo».[7] El vitalismo barroco termina negando la vida, señalando la diferencia entre lo temporal y lo eterno. Se ha hablado mucho acerca del barroco como una época de represión espiritual y se ha visto en la forma críptica el medio de precaverse de todo peligro. Esa reacción frente a la represión engendra la máscara, el ocultamiento, como también la burla y la sátira.

El traslado del barroco a América originó nuevos problemas. A esto coadyuvaron la acción violenta del trasplante, el medio ambiente primitivo y el necesario choque de razas que había de producirse. Alfredo A. Roggiano[8] ha señalado con justicia el papel que le corresponde a Pedro Henríquez Ureña como iniciador de la revalorización del barroco americano con sus estudios sobre Balbuena en donde situó a éste como la primera manifestación de ese nuevo estilo barroco que funde a Góngora, Lope, Quevedo, etc., en una síntesis distinta del conceptismo y culteranismo peninsulares. Esta obra barroca de América fue vista por Picón Salas como el producto de una minoría letrada, que ausente de la comprensión de las masas indígenas y mestizas, se sume por esas circunstancias en una obra intelectual de carácter críptico, complejo refinamiento de formas que se superpone a la inmensidad semibárbara del medio americano. Roggiano,[9] sin embargo, encuentra este barroco de América, no sólo como un producto del trasplante y de las circunstancias históricas, sino que le atribuye cierto matiz autóctono. Afirma que las características que se le han querido reconocer a la literatura y al arte prehispánico: ruptura de equilibrio y armonía, movimiento y proliferación, contraste y ritmo tensivo, integración del cosmos en las entidades divinas y las manifestaciones del mundo de la naturaleza en las humanas, coinciden con el barroco como concepto de época y estilo.

José Lezama Lima[10] ha añadido un nuevo argumento que puede justificar en parte esa vigencia del barroco en nuestras letras al señalar que en la raíz del barroco americano están las dos grandes síntesis: la hispano-incaica y la hispano-negroide y esto, en nuestra opinión, es fundamental pues es indudable que ese enfrentamiento, esa constante y sorda lucha de la cultura española primero con la indígena, y después con la africana, ha sido un factor determinante de nuestra esencia hispanoamericana, de nuestra manera de ser.

Todos estos factores justifican la vigencia del neo-barroco en la actual literatura de nuestra América. Es de todos conocido que tal vigencia es proclamada por los propios autores: Borges, Octavio Paz, Lezama Lima, Córtázar, etc.

Sentadas estas premisas que consideramos imprescindibles para acercarnos a lo barroco y en particular a lo barroco americano, vamos a analizar ciertas características presentes en la novelística de Enrique Labrador Ruiz y que constituyen un precedente de la nueva erupción en el siglo XX de ese movimiento literario que tuvo en su primera manifestación en América figuras del calibre intelectual de Sor Juana Inés de la Cruz, Bernardo de Balbuena, Sigüenza y Góngora o Rodríguez Freile.

Enrique Labrador Ruiz publica su primera novela *El laberinto de sí mismo* en 1933, tres años más tarde aparece la segunda, *Cresival,* en 1940, *Anteo,* la tercera. Estas tres primeras novelas, sus famosas gaseiformes, constituyen una triagonía, como el autor insistió en llamarles. En 1950 sale a la luz pública la última novela que ha publicado, *La sangre hambrienta*. Por razones de método analizaremos en primer lugar los elementos temáticos barrocos que existen en su obra para después entrar en la evaluación de los recursos estilísticos y estructurales que también se hallen en ella. Así mismo, hay elementos barrocos en sus cuentos *Carne de quimera* (1947); *Trailer de sueños* (1948) y *El gallo en el espejo* (1953) y hasta en algunos de sus ensayos hay mucho de la tensión barroca, pero esto queda para otra ocasión. Que en cierta medida, y si se compara con ciertos excesos contemporáneos, el barroquismo de Labrador Ruiz sea moderado, no le resta a su carácter de precursor.

Es muy significativo que el título de la primera novela de este autor sea *Laberinto* y que en sus tres novelas gaseiformes el elemento onírico resulte de una importancia trascendental. El planteamiento de lo que constituye la realidad es una preocupación central en el barroco, baste recordar la famosa obra de Pedro Calderón de la Barca, *La vida es sueño*. En el barroco hispano, la vida humana es una angustia palpitante que alcanza su honda significación con la retribución de la vida ultraterrena. Este valle de lágrimas barroco atrajo la atención del movimiento existencialista contemporáneo; de ahí el gran interés de los existencialistas franceses —Sartre, por ejemplo— por los autores barrocos, en especial Calderón de la Barca. Lo que hace el existencialismo en literatura es, en cierta medida, cortar el gran final barroco que llama a la redención humana al proclamar la inmortalidad del alma. Los personajes de Labrador Ruiz aparecerán siempre luchando contra el mundo que los asfixia, pero siguen luchando. Por eso, con acertado juicio, ha señalado Rita Molinero[11] que no se pueden asimilar los personajes labradorianos a los sartrianos, pues no nos presenta Labrador al hombre humillado por los horrores de la vida, no son sus personajes despojos humanos a pesar de su íntima tragedia sino que se nos muestran siempre en eterna lucha, en contínuo y angustiado afán de crearse un destino. Están más, añadiríamos nosotros, en la filiación barroca, ya que hay mucha espiritualidad pujante en ellos, no obstante sus derrotas y sus caídas. Se mantienen enhiestos en la lucha pese a su soledad, soledad, por otra parte, que también es un tema muy barroco.

Los tres personajes centrales de las novelas gaseiformes, Anteo, Cresival y el protagonista de *Laberinto* son seres que chocan con la realidad, que se sumen en el mundo de la imaginación, que a veces para ellos es más real que el llamado mundo objetivo. Labrador llama a Anteo, soñador; Cresival se debate en dos niveles: el intelectual y el amoroso, captando dolorosamente el abismo que separa su idealismo de la realidad; el protagonista de *Laberinto* es un soñador que trata inútilmente, pero con persistencia épica, de plasmar sus ideales en un medio que no sólo no lo comprende sino que reacciona con hostilidad ante su conducta. Ridículo, poeta, idiota, se le califica en la novela.[12] Siempre hay que subrayar cuando de este novelista se trata, que estamos ante un hombre de vastísimas lecturas. Aquí asoma en estos calificativos, la alusión cervantina que permea tanto su obra novelística. El trágico pero maravilloso personaje manchego, con su carga de locura pero su mensaje de fe en la naturaleza humana, está siempre presente en la obra labradoriana. Recuérdese que Cervantes está ahí, en el medio del renacimiento y el barroco y representa la gran síntesis de lo más genuinamente hispánico.

La misma temática barroca se nos presenta en esa obra que he llamado en otra ocasión el punto focal de la narrativa de Labrador Ruiz: me refiero a *La sangre hambrienta*. Toda esta novela aparece sustentada en un doble juego entre realidad y fantasía. Las figuras principales de los tres relatos que integran la obra se debaten y luchan entre un mundo inhóspito y el otro de sueños, que cada uno de ellos se crea a sí mismo, en los que la realidad se distorsiona y en los que la razón y la locura —otra vez la sustancial disyuntiva quijotesca— parecen en ocasiones integrarse y confundirse. Estefanía combate contra una sociedad pueblerina saturada de prejuicios raciales y vulgaridad. Su mundo de valores la empuja a crearse un refugio fantástico, una morada interior en donde su pureza encuentra a veces sosiego. Su huida a la capital es su único escape y para seguir subrayando los matices barrocos en Labrador Ruiz, el rumor pueblerino que asegura su invalidez en la capital, sirve para cargar de ambigüedad el finl del relato, para subrayar lo impreciso de la realidad vital de esa mujer que con tanto denuedo ha combatido para salvarse espiritualmente.

Escipión Hipólito Vergara, también vive en un mundo en que se yuxtaponen la realidad y la imaginación. Personaje ambiguo, amante de los niños y de los animales, hombre que practica una genuina caridad cristiana, es también incapaz de enfrentarse a la realidad y busca amparo en el mundo de su imaginación. La ambivalencia con que se presenta el propio personaje, cargado de todas esas virtudes, pero al propio tiempo lleno de vacilaciones, abulia y cobardía, sirve para subrayar lo impreciso de la realidad. Es muy significativo el hecho de que se desfigure su nombre en la cruz de su tumba por el de Cipión y Berganza, los personajes del medular diálogo de los perros de Cervantes, desfiguración caricaturesca que tanto nos recuerda a Quevedo, pero que tiene también en nuestra opinión, la virtud de dotar al personaje de un valor simbólico, si tenemos en cuenta que a los dos protagonistas del diálogo, se les ha atribuído contradictorias cualidades que anidan en el ser humano.

En igual sentido, el personaje central del tercer relato trata de cerrar las puertas de su casa y arrastrar a sus hijos a un mundo alucinante, porque no puede enfrentarse a una sociedad que la culpa del suicidio del esposo y que se burla de ella por el abandono a que la sometió su amante.

La realidad dolorosa oprime pues los personajes labradorianos y éstos se refugian en esa soledad barroca, en ese monólogo en que el hombre se pregunta tantas cosas a las que parece no tener respuesta. Es verdad que Karl Vossler, en un estudio sustancial,[13] —aunque refiriéndose sólo al género poético pero innegablemente con repercusiones mucho más amplias— ha demostrado la persistencia de la temática de la soledad en todas las épocas de la historia literaria hispánica que van desde la Edad Media hasta el Barroco, pero es innegable, y el propio trabajo de Vossler así lo subraya, la importancia que en la época barroca adquirió ese tema.

El problema de la falta de autenticidad, que constituyó una temática fundamental del barroco y que recogió Calderón de la Barca en su auto sacramental *El gran teatro del mundo,* aparece constantemente en la obra de Enrique Labrador Ruiz. «Máscaras, máscaras», proclama este autor en *Laberinto* y agrega: «yo no soy más que una máscara. Máscara fría llena de grietas en mi cara que se vuelve del color de las cosas que siente arder en su torno y mi sonrisa de enfermo la mejor grieta de esa máscara».[14] Por las páginas de las novelas de Labrador Ruiz desfilan personajes cargados de disfraces, representando el papel asignado pero falsos y huecos, que tratan de ocultarnos su interioridad a la que con crudeza se asoma el autor. Con sutil ironía, que nos revela en ocasiones lo grotesco, el novelista nos hace testigos de la falta de autenticidad de esos farsantes, baste citar por ejemplo al Dr. Cordero, el farmacéutico de *La sangre hambrienta* o a Laurell, el personaje de *Laberinto.* A veces la desilusión adquiere los niveles de esa explosión del desengaño barroco que es el *Guzmán de Alfarache* de Mateo Alemán. Acaso ¿no nos recuerda el monstruo de Rabena de la obra de Alemán la visión de Anteo, ese centauro de sus sueños, ese centauro andrógeno, lleno de contrastes y miserias? ¿No pudiera verse en ambos un símbolo de una visión dolorosamente negativa del hombre en que se sume a veces la angustia barroca para después salir a flote en una constante lucha interior? Muestra de ese desengaño es la presentación que hace al autor de barberías, billares, farmacias, cafés, etc. como centros de murmuración, lugares de reunión de vidas infecundas y parásitas que en sus frustraciones tratan de arrastrar al abismo a virtuosos y luchadores. Es más, hay en muchos casos, hasta tintes picarescos en las novelas de Labrador Ruiz, baste recordar algunos de los episodios de *Crescival*.

Los personajes de Labrador luchan, como el autor lo hace en los prólogos de sus novelas, contra el mundo que no los comprende y cabría preguntarse si ese afán de encontrar nuevos caminos, si esa ansia de ejercitar la libertad artística que proclama el autor, si esa búsqueda que siempre ha de estar llena de arideces y dificultades, no lo acerca a la literatura barroca. Además, de la misma manera que Labrador Ruiz se adelanta a su tiempo, salta por encima de las limitaciones de su época, universaliza la temática de sus novelas y las dota de innovadores recursos ténicos, muchos de sus personajes mantienen su lucha por lo más puro y genuino de la espiritualidad humana pese a las más adversas circunstancias.

Otro elemento que lo acerca al barroco es la sátira. Francisco Ayala ha subrayado muy lúcidamente al contrastar a Galdós con Quevedo[15] como aquél veía la función de la sátira como un reducir la significación de la crudeza de las descripciones. Las obras de Labrador Ruiz están cargadas de una ironía que corre muy sutilmente a través de sus páginas y que a veces se asoma en un rejuego linguístico, que tiende al enrevesamiento, al ocultamiento, en fin, al encubrimiento barroco, pero que cumple esa función de reducir la connotación de sus crudezas. Sin embargo, aunque a veces Laborador Ruiz se asoma a lo grotesco, recuérdese el episodio de la muerte de Escipión, no hay en nuestro novelista, esa absoluta desfiguración, ese total aniquilamiento de la realidad, a que aludía Ayala, y que presenciamos, por ejemplo, en *El buscón*. No obstante, sin llegar a los extremos quevedescos, Labrador Ruiz, voraz lector de Quevedo, aunque con cierta moderación, desvirtúa la realidad. Hay todo un proceso de enmascaramiento que está suavizado sutilmente con ciertos tintes de ironía. No se debe olvidar que Severo Sarduy ha destacado recientemente[16] como las dos operaciones fundamentales en la creación de la obra neo-barroca: la artificialización y la parodia.

Labrador Ruiz utiliza una técnica narrativa deformadora de la realidad en que lo artificioso, lo dramático y lo onírico, juegan un papel fundamental. En *La sangre hambrienta* no se sigue una permanente descripción lineal. La estructura de la misma es abierta. Los tres relatos están entrelazados por un trasfondo ambiental, aunque la narrativa se desvía frecuentemente en desplazamientos temporales. En ocasiones se narra retrospectivamente a base de recuerdos como en el capítulo sexto en que después de haberse descrito en los anteriores la tragedia que sufrió la familia Vigón, es que se cuentan las causas de la misma. Otro caso es el de *Anteo*, donde a través de los recuerdos del personaje principal nos vamos asomando al desarrollo novelístico. Volviendo a la *Sangre hambrienta,* hay en esta obra relatos aparentemente no conectados aunque sí lo están por su contenido simbólico, y también relatos interpolados. Se emplean diversas técnicas en cuanto a la función del narrador, a veces es un agente interventor, como en el relato inicial y en el capítulo final, en otras ocasiones, como en el cuarto, es un observador caracterizado de gran imprecisión y en otros casos, es un objetivo y despersonalizado narrador no dramatizado.

El uso del tiempo en Labrador Ruiz —lo que ha sido analizado con gran penetración por Alberto Baeza Flores[17]— lo acerca mucho, a la llamado novela neobarroca contemporánea en Hispanoamérica. Las narraciones basadas en visiones retrospectivas a base de recuerdos, pudiera traernos a la memoria, *Zona sagrada* de Carlos Fuentes[18] en la que nos asomamos a la lucha estéril de un trágico delfín moderno que a través de sus recuerdos nos narra su angustiada vida que se centra en el conflicito de su ansia de avanzar hacia la madre y el rechazo de ésta porque su presencia destruiría su imagen de estrella de celuloide, de eterna juventud, de belleza permanente. Las estructuras de las obras de Labrador Ruiz responden al manejo de los temas. En ellas el pasado es una fuerza incontrastable. Se subrayan en las mismas que este pasado no ha muerto, que está viviendo en la agonía de algunos de sus protagonistas, que se ha integrado indisolublemente en ellos. ¿No se hace esto patente en el personaje principal de *El laberinto de sí mismo*? ¿No nos asomamos en la cercanía de su muerte a ese pasado que permanece lacerante en él? ¿No pasa lo mismo en *Cresival,* en la que no se sigue tampoco un hilo narrativo lineal y en la que nos acercamos a un ser torturado, frustrado por su fracaso literario, perturbado por la intoxicación alcohólica? Aquí, en estas novelas gaseiformes que se escribieron en Cuba en los años treinta, hay mucho de esa implantación en la narrativa de las técnicas cinematográficas que tanto ha dado que hablar a la crítica contemporánea.

En las novelas labradorianas hay siempre dos mundos, el de la supuesta realidad objetiva y el que el personaje se crea a sí mismo, su realidad y esta yuxtaposición de situaciones crea una atmósfera un tanto vacilante y ambigua a la que contribuyen en gran medida los numerosos recursos estilísticos que emplea este gran maestro del arte de narrar.

El dinamismo de la obra de Labrador Ruiz emana en gran medida del contenido simbólico de sus personajes, que los dota de una polivalencia significacional. Véase por ejemplo, Escipion Hipólito Vergara: ¿Cristo?, ¿San Francisco?, ¿idiota?, ¿erótico?, ¿asesino?, ¿Resignación cristiana, amor purísimo, o crasa cobardía y exaltación de los más bajos instintos? Esta pura ambivalencia barroca, este contínuo subrayar de contrastes, ese uso de antítesis, es una constante de la novelística labradoriana.

Rita Molinero[19] ha visto en el protagonista principal de *Laberinto* y en el personaje Laurell, dos caras de una misma moneda. Para esta crítica, Laurell es la experiencia vivida, plena, y el poeta, la experiencia sentida, tan sólo vislumbrada. Esto puede relacionarse con la aludida deformación que sufre el nombre de Escipión en la cruz de su tumba, pues como se sabe, de los dos protagonistas de la famosa novela ejemplar cervantina, Cipión es el representante de la espiritualidad, del conocimiento de las miserias humanas y Berganza, de la acción vital.

En *La sangre hambrienta* precisa Labrador Ruiz su visión de esa sociedad cubana que aparece en el trasfondo de todas sus novelas, pese a los velos nebulosos con que pretende cubrirla, y en ella se integra de nuevo la percepción de la antítesis, del contraste, tan barroco, de grandeza y miseria que anida en todo ser humano:

> «En este punto fue cuando por primera vez vi alzarse como una muralla, la sangre peculiar de nosotros los del pueblo, sangre zumbona y caliente, sangre viva y despierta, sangre ávida y hambrienta de todas las cosas, así buenas como malas».[20]

Ejemplos del artificio barroco que se manifiesta a nivel linguístico, hay muchos, como cuando se alude al gusto de Escipión por el mofuco y por el jugo de pera, en donde parece plantearse una antítesis entre el mofuco, bebida alcólica de pésima calidad y el jugo de frutas naturales, pero la clave de la sustitución se precisa en un paréntesis en donde se alude al Peralta, bebida alcohólica semejante al mofuco, con lo que en realidad, se trata del irónico encubrimiento de referirse a la afición de una persona al jugo de peras cuando lo que se está insinuando es su alcoholismo. Aquí el proceso de artificialización, que como se ha dicho en este caso es la sustitución, está cargado de ironía y toca muy nítidamente lo que Jorge Mañach estudió como características del pueblo cubano en su *Indagación del choteo*.[21] Labrador Ruiz presenta en sus novelas esa peculiar manera de ser del cubano, ese rejuego linguístico que encubre tanta alusión satírica. Así, la calificación de «figurín sin fósforos» y «plantilleros de la capi»[22] sirve para aludir al carácter alardoso que encubre la frustación vital de uno de sus personajes. A veces se enfatiza la deformación fonética y ortográfica con un significado subyacente, como cuando se le grita en la calle a Estefanía: «¡prieeeta! ¿A onde va tan linda?»,[23] no sólo para destacar la procacidad del asedio a que la sometían los varones pueblerinos, sino también para aludir ambiguamente a su condición de mestiza, con lo que se hace hincapié a la latente actitud de discriminación racial que se pone de manifiesto en este relato.

En resumen, hay en la novelística labradoriana suficientes elementos temáticos y estilísticos que lo acercan al neobarroco hispanoamericano. Esto en ningún modo puede interpretarse como un afán de desconocer otras influencias literarias de la época que se hacen presentes en su obra, como, por ejemplo, el surrealismo. Sin embargo, pese a los propiamente señalados elementos surrealistas en su narrativa, hay siempre en Labrador Ruiz una capacidad de evaluación y honda penetración en el alma humana, un acercamiento al drama del hombre, un constante análisis, y esto pudiera atribuirse a fuentes barrocas. Recuérdese que Humberto Piñera,[24] al tratar de encontrar por qué el hombre barroco pensaba de este modo, destacó el carácter racionalista de los grandes filósofos de la época barroca y puso de manifiesto la existencia de cierta congruencia entre la época barroca en general y la filosofía barroca en particular. Mario Rodríguez Alemán,[25] comentando un libro de cuentos de Labrador, veía en el bien abierto ojo analítico del escritor, y en su humana y viva comprensión del drama social del hombre, lo que le impedía caer en una influencia absolutamente surrealista.

Si esta ponencia, acercamiento un tanto genérico, constituyera un punto de partida para más específicas evaluaciones de su obra en este aspecto, la misma llenaría su cometido. Pese a que su barroquismo es moderado, sin caer en los extremos de ciertos autores contemporáneos, hay que empezar a estudiar la posibilidad de añadir al gran valor literario de la obra labradoriana una nueva dimensión y ésta es su carácter de precursor del neobarroco hispanoamericano.

NOTAS

1. Heinrich Wölfflin. *Conceptos fundamentales en la historia del arte.* (trad. de J. Moreno Villa), Madrid, 1924.
2. Emilio Carilla. *El barroco literario hispánico.* Buenos Aires, 1969, Editorial Nova, 23.
3. Mariano Picón Salas. *De la conquista a la independencia.* México, 4ª edición, 1965, Fondo de Cultura Económica, 121.

4. Humberto Piñera. *El pensamiento español de los siglos XVI y XVII*. New York, Las Américas Publishing Co., 1970, 151.
5. *Ibid.*, 153.
6. Helmut Hatzfeld. *Estudios sobre el barroco,* Madrid, 2ª edición, 1966, Editorial Gredos S.A., 418-430.
7. Mariano Picón Salas. *Op. cit.*, 126.
8. Alfredo A. Roggiano. «Acerca de dos barrocos: el de España y el de América» en *Actas del XVII Congreso del Instituto Internacional de Literatura Iberoamericana,* Madrid, 1968, Ediciones Cultura Hispánica del Centro Iberoamericano de Cooperación, 39-48.
9. *Ibid.*, 39.
10. José Lezama Lima. *La expresión americana,* Santiago de Chile, Editorial universitaria, 1969, 56.
11. Rita Molinero: *La narrativa de Enrique Labrador Ruiz,* Playor S.A., Madrid, 1977, 37.
12. Enrique Labrador Ruiz. *Laberinto de sí mismo*, La Habana, 1933, 21.
13. Karl Vossler. *La poesía de la soledad en España*. Buenos Aires, Editorial Losada, 1946.
14. Enrique Labrador Ruiz. *Laberinto*, 81.
15. Francisco Ayala. «Sobre el realismo en literatura», *Experiencia e invención,* Madrid, Taurus, 1960, 171-204.
16. Severo Sarduy. «El barroco y el neobarroco» en César Fernández Moreno, *América latina en su literatura,* 4ª edición, México, 1977, Siglo XXI Editores, S.A., 167-184.
17. Alberto Baeza Flores. «Carne de quimera» *Segundo acento,* Cuba, 1947, 11-13.
18. Carlos Fuentes. *Zona sagrada,* México, 1967, Siglo XXI Editores S.A..
19. Rita Molinero, *Op. cit.,* 31.
20. Enrique Labrador Ruiz. *La sangre hambrienta,* México, Ediciones Nuevo Mundo, 1959, 204.
21. Jorge Mañach. *Indagación del Choteo.* Miami, Florida, 1969, Mnemosyne Publishing Inc.
22. Enrique Labrador Ruiz. *La sangre,* 182.
23. *Ibid.*, 111.
24. Humberto Piñera. *Op. cit.*, 162 y siguientes.
25. Mario Rodríguez Alemán. «Enrique Labrador Ruiz: El gallo en el espejo (Cuentería cubiche)», *Universidad de la Habana,* La Habana, 1954, No. 11, 233-36.

EL POSTMODERNISMO INTIMISTA DE DULCE MARÍA LOYNAZ

CONFERENCIA LEÍDA EN CLEMSON UNIVERSITY, CAROLINA DEL SUR, EN EL XXX CONGRESO DE MOUNTAIN INTERSTATE FOREIGN LANGUAGE CONFERENCE, EL 25 DE OCTUBRE DE 1980.

Dulce María Loynaz recogió su obra poética en cuatro libros: *Versos,* de 1938; *Juegos de agua,* de 1947; *Poemas sin nombre,* de prosa poemática, de 1952 y *Obra lírica,* de 1955 en el que incluyó los tres anteriores. Ha escrito además una novela de matices líricos, *Jardín*; un libro de narraciones y leyendas producto de una breve estancia en las Islas Canarias, titulado *Un verano en Tenerife* y diversos estudios literarios. La poesía de Dulce María Loynaz se caracteriza por un afán de sencillez, una tendencia al aislamiento, una contínua ansia de encontrar allá en lo hondo de su conciencia la genuína fuente de su mundo poético. Estas cualidades de su poesía nos permiten acercarla al movimiento posmodernista. Recuérdese que los posmodernistas reaccionaron, frente a los excesos exotistas de los menos calificados seguidores de Darío, buscando una poesía más sencilla, utilizando un lenguaje más directo e inmediato, tratando de lograr una mayor sobriedad en la expresión, en la manipulación del material poético. Su afán de huir de tanto exotismo modernista llevó a los posmodernistas a integrarse en un sólo cuerpo: el sentimiento de lo hispanoamericano. Trataron de dar a su temática cierto matiz autóctono, intentaron ser lo más localistas posible. Esta temática fue modesta, tranquila, si la comparamos con la modernista. Fue su poesía, aquélla que va a contar con la circunstancia interior, es decir, que en muchos de sus integrantes habrá sin duda una sustancial tendencia intimista.

Estamos pues ante la obra de Dulce María Loynaz, ante el mundo lírico de una cultivadora de la poesía intimista, que es una de las vertientes que la crítica ha deslindado del movimiento poético posmodernista. Nacida en 1903, fue de las más jóvenes de esa generación de poetas intimistas que en Cuba tiene una abundante representación después del cataclismo horrible que para la soberbia de la civilización occidental constituyó la primera guerra mundial. Ha dicho Max Henríquez Ureña, buscando las causas de esa explosión de poesía intimista en esa época, lo siguiente:

«Ante el panorama trágico del mundo en llamas, los jóvenes poetas buscaron un refugio en el panorama interior, se reconcentraron en la poesía intimista, como quien anhela, frente a los horrores del mundo circunstante, recluirse dentro de sí mismo.»[1]

Los poetas del posmodernismo, al tratar de torcerle el cuello al cisne, al intentar alejarse de la aludida banalidad del modernismo, —que desde luego, fue mucho más que eso— pretendieron ser más profundos, dotar a su poesía de más honda penetración filosófica. Que como movimiento, según la crítica más generalizada, no lo hayan logrado; que sus pretensiones no fueran alcanzadas cabalmente; que no hubieran podido, como aludía Federico de Onís, desprenderse de la dependencia cronológica del modernismo; no desvirtúa el común afán que los unió. Esto tiene importancia en nuestro estudio, no sólo porque aporta una prueba más de la filiación posmodernista de Dulce María Loynaz, sino también porque en su caso particular hay sin duda cierta profundidad subyacente, que parece ocultar a primera vista su sencillez expresiva.

En efecto, porque la poesía de Dulce María Loynaz es sencilla, pura y diáfana, pudiera ubicársela en esa reacción hacia la sencillez lírica que los exégetas del posmodernismo han pretendido encontrar dentro de ese movimiento, pero no debemos dejarnos confundir; la poesía de la Loynaz tiene al mismo tiempo la profundidad de lo elemental, la trascendencia que emana de la penetración hacia lo íntimo. Ha dicho la propia poetisa: «He ido descortezando tanto mi poesía que llegué a la semilla sin probarle la pulpa».[2] Hay siempre en Dulce María Loynaz un afán de encontrar las esencias, un ansia de despojar su verso de todo afeite, unido esto a una tristeza íntima que la refrena un tanto. Así, afirma: «Para que la palabra exista es preciso que un oído la escuche. La palabra por sí sola no es más que silencio articulado en el silencio mismo, poesía oscura, aún no estrenada».[3]

Por eso, ha acertado Salvador Bueno al destacar la importancia del silencio en la obra de Dulce María Loynaz. Dice así el crítico:

> «Hay en sus textos unas pausas, una vaga sugerencia, un palpitar leve entre las líneas, que sólo pueden hallar explicación —si es que el misterio poético puede tener aclaraciones— en el uso de un contrapunto donde la voz del silencio —interlocutor invisible— posee participación predominante».[4]

Por eso para Bueno, el lirismo de nuestra poetisa se apoya más en lo que calla o sugiere que en las hermosas palabras o los símiles esbeltos y gallardos que enaltecen sus páginas.

Pero entremos a estudiar su poesia para comprobar esa ansia de profundidad de su ser a que hemos aludido. En efecto, en la obra poética de Dulce María Loynaz hay una preocupación constante y ésta es el tema del tiempo y por contraste, el de la eternidad. Ambos elementos temáticos están presentes aun cuando la motivación parezca desplazarse hacia la expresión de una angustia sofrenada ante la vida, la muerte o el mundo inmerso del espíritu. En la poetisa que estudiamos, los motivos temáticos —la transformación de la realidad; el amor, tanto el humano como el divino (elemento que la acerca a otros cultivadores de la poesía femenina); la patria, su hermosa isla a la que tantas veces alude (aspecto que la entronca con la preocupación hispanoamericanista del posmodernismo)— están, todos ellos, íntimamente ligados a ese afán de captar el instante, de paralizar el paso del tiempo, de sumirse en la eternidad dulce y transparente en que la angustia humana por perecer dejaría de tener sentido. Ese nivel subyacente permite observar a nueva luz su intimismo, su tendencia intuitiva, su culto a la belleza.

En sus poemas, Dulce María Loynaz trasciende siempre el contenido anecdótico, porque su búsqueda de esencias la lleva a superar la temporalidad. En «Viaje» la poetisa expresa su contenida angustia de este modo:

> Mi canto y yo
> viajeros ligeros vamos
> en un barco de papel.
>
> Un mar negro nos circunda
> la ola nos va a envolver. (159)

Sin embargo, trasciende la esperanza íntima:

> Mi barco sueña con puertos
> de coral...   (160)

Esa angustia, esa vacilación que a veces apenas se apunta, entre una concepción de un mundo sublimado por el amor o desgarrado y sumido en un caos, se hace patente en su poema «Duda» en donde se pregunta: «Cuando la ola viene impetuosa sobre la roca...¿la acaricia o la golpea?» (168).

En «Desprendimiento» el ansia de eternidad se hace presencia cuando dice:

> Dulzura de sentirse cada vez más lejano
> más lejano y más vago...Sin saber si es porque
> las cosas se van yendo o es uno el que se va.
>
> Dulzura del olvido como un rocío leve
> cayendo en la tiniebla...Dulzura de sentirse
> limpio de toda cosa. Dulzura de elevarse
> y ser como la estrella inacesible y alta,
> alumbrando en silencio...
> ¡En silencio, Dios mío! (115)

En «Divagación», su verso final, casi desgarradoramente, expresa su necesidad de encontrar la esencia del ser:

> ¡Quién me volviera a la raíz remota
> sin luz, sin fin, sin término y sin vía!... (114)

En «Tiempo», muestra esa desenfrenada apetencia de eternizar el instante al afirmar:

> Quién pudiera como el río
> ser fugitivo y eterno:
> Partir, llegar, pasar siempre
> y ser siempre el río fresco... (111)

Aquí está también su constante afán de fugarse de la carcel de la temporalidad, cuando agrega:

> Es tarde para la rosa.
> Es pronto para el invierno.
> Mi hora no está en el reloj...
> ¡Me quedé fuera del tiempo!... (111)

Ese tono de confesión, de secreta confidencia, que es tan característico de la obra poética de Dulce María Loynaz y que está tan íntimamente relacionado con el contenido temático de la misma, fue destacado por Aurelio Boza Masvidal[5] en un penetrante estudio sobre esta poetisa. En el mismo, Boza encontró otras cualidades de su poesía como su ideal suavidad que a veces suspende el rumor de la palabra misma y ese sentimiento de lo íntimo, que ya hemos estudiado y que como ha señalado Boza es en la Loynaz un contemplativo vagar, un alejarse de lo cotidiano, un tono de evocación. Para este crítico, este elemento la acercaba a los llamados poetas crepusculares italianos, Segio Corazzini, Guido Cozzano y Mariano Moretti. El crítico estudiaba también la concisión y sencillez extraordinarias de la poesía de Dulce María Loynaz, que coinciden en destacar todos sus exégetas y que al parecer de Boza provenía, por lo menos en cierta medida, de ese culto al recuerdo y a la ilusión que caracteriza la obra de la Loynaz.

Como hemos señalado, en la poetisa estudiada hay tal capacidad de transformación de la realidad que aun el tema amoroso se sublimiza y sirve para que a través de él aparezca esta constante temática a la que estamos aludiendo. Véase, a ese efecto, el poema inicial de su primer libro de versos, que lleva un título de gran significación: «Eternidad». Dice así:

....
Para ti lo infinito
o nada; lo inmortal
o esta muda tristeza
que no comprenderás...

La tristeza sin nombre
de no tener que dar
a quien lleva en la frente
algo de eternidad...

Deja, deja el jardín...
no toques el rosal:
Las cosas que se mueren
no se deben tocar. (19-20)

El mismo uso del agua tan presente en la poesía de la Loynaz —recuérdese que dedicó uno de sus libros, *Juegos de agua*, precisamente a ese motivo poético— está relacionado directamente con su ansia de eternidad porque el agua es símbolo de lo inasible, lo huidizo, lo incaptable: la nube, el río, el manantial de la fuente, pero al mismo tiempo que de lo cambiable, lo es de lo inmutable en esencia, de lo eterno: el mar, ese mar que ella, en su isla de ensueño, ve rodeándola y queriéndola arrastrar hacia su seno enigmático y escalofriante, ese mar que oculta su destino. Así, en «Marinero de rostro oscuro» proclama:

....
¡Qué son ya para mí, ruta ni hora...!

> Serás como el destino, mudo y ciego,
> cuando yo, frente al mar, los ojos vagos,
> de pie en la noche, sienta una ligera
> y lánguida emoción por la lejana
> playa desconocida que me espera... (173)

La clásica imagen de la poesía inmortal de Jorge Manrique se hace patente cuando proclama:

> Madre, yo quisiera irme
> con el río...
> ¡cuando el río llegue al mar
> todos mis luceros fríos
> se habrán secado en el cielo...!

A veces la referencia a su patria, connotación localista del posmodernismo a que hemos aludido, sirve para establecer un intencionado paralelismo entre la poetisa y su tierra. En «Isla», ese mar que rodea a su Cuba, está cargado de honda simbología pues es en él donde parece naufragar la angustia de la poetisa. Ella se ve como su tierra: «isla asida al tallo de los vientos» (156). Transida, clama sus inquietudes en un grito y se recoge confiada en una plegaria, pero no obtiene respuesta. Su ansia de infinito, de eternidad, la lleva a elevarse en apetencias trascendentes o a caer en honda desesperación que en ella sólo se atisba por un lamento reprimido:

> Nadie escucha mi voz si rezo o grito:
> Puedo volar o hundirme... Puedo, a veces,
> morder mi cola en signo de Infinito.
> Soy tierra desgajándose... Hay momentos
> en que el agua me ciega y me acobarda,
> en que el agua es la muerte donde floto...
> Pero abierta a mareas y a ciclones,
> hinco en el mar raíz de pecho roto. (156)

Profundo y hermoso verso tan cargado de honda significación: «hinco en el mar raíz de pecho roto». Arrastrada por la furia de la vida, llevada inexorablemente hacia la muerte, la mujer que es Dulce María Loynaz, se aferra a su fugaz temporalidad para tratar de encontrar allá en lo hondo de su ser, las raíces de su permanencia, aunque su pecho esté quebrantado y sufriente por la angustia que engendra el atisbo de lo fatal de la derrota. Así termina el poema, agregando:

> Crezco del mar y muero de él... Me alzo
> ¡para volverme en nudos desatados...!
> ¡Me come un mar abatido por las alas
> de arcángeles sin cielo, naufragados! (156)

Esta desgarradora angustia de la poetisa ante la muerte, que opaca con un matiz de niebla su ansia de eternidad, produjo uno de sus poemas más logrados. Me refiero al último de su primer libro de versos, su «Canto a la mujer estéril». Su invocación inicial tan dolorosamente profunda:

> Madre imposible: Pozo cegado, ánfora rota,
> catedral sumergida...
> Agua arriba de tí... Y sal. Y la remota
> luz de sol que no llega a alcanzarte. La Vida
> de tu pecho no pasa; ....(140)

nos anticipa la honda palpitación de aquélla que dedicara a su esposo un libro posterior, ofreciéndoselo «en vez del hijo que él quería». Canta así la poetisa enfrentando audazmente a la mujer estéril a la injusticia y el dolor de la vida:

> Contra el instinto terco que se aferra
> a su flanco,
> tu sentido exquisito de la muerte; (140)

Más tarde, calladamente, casi como un susurro, la comprende:

> ....
> Tú no serás camino de un instante
> para que venga más tristeza al mundo;
> tú no pondrás tu mano sobre un mundo
> que no amas... Tú dejarás
> que el fango siga fango y que la estrella
> siga estrella...   (142)

Al final, exaltada, defendiéndola, da un salto intuitivo y cree descubrir secretos significados en su esterilidad:

> ¡Púdrale Dios la lengua al que la mueva
> contra ti; clave tieso a una pared
> el brazo que se atreva

> a señalarte; la mano obscura de cueva
> que eche una gota más de vinagre en tu sed!...
> Los que quieren que sirvas para lo
> que sirven las demás mujeres,
> no saben que tú eres
> Eva...
> ¡Eva sin maldición,
> Eva blanca y dormida
> en un jardín de flores, en un bosque de olor!...
> ¡No saben que tú guardas la llave de una vida!...
> ¡No saben que tú eres la madre estremecida
> de un hijo que te llama desde el Sol!... (44-45)

Siempre será así Dulce María Loynaz, siempre la vacilación entre la angustia y el afán de encontar esos secretos significados que nos muestran en un instante, en sólo un instante, la armonía que se esconde en el caótico laberinto que la aterra.

José Olivio Jiménez ha visto en las composiciones de *Juegos de agua* una profunda influencia de los pintores impresionistas, en la riqueza de los matices, lo que hace que, según el indicado crítico, se pueda presentar a la Loynaz como la «muestra más alta de nuestro impresionismo poético».[6]

Esto nos lleva a preguntarnos, si no es acaso el impresionismo, en el fondo, una negación de todas las formas exteriores de la realidad y un angustioso afán de encontrar la forma interna, esa otra realidad cromática interior. ¿No es acaso toda la obra de Dulce María Loynaz, un anhelo incontrolable de suprimir el contorno, de advertir lo ilusorio de los perfiles, una apetencia desbocada de encontrar los paisajes interiores, de sumergirse allá en lo hondo de la conciencia, de tratar de hallar en un instante, el dulce sosiego de lo eterno?

Es ese intimismo, ese lirismo, esa refrenada angustia, lo que satura hondamente sus composiciones y le da un tono personal a su obra poética pues Dulce María Loynaz pertenece a una generación de grandes figuras femeninas que honran las letras de Hispanoamérica aunque exista en su poesía diferencias esenciales con las demás. Aludiendo a esto, Eugenio Florit y José Olivio Jiménez han destacado su tono desacostumbrado y diferente, agregando que «no es apasionada, vehemente, confesional a la manera de Juana de Ibarborou».[7] En el prólogo al libro *Obra lírica* de Dulce María Loynaz, ya Federico Saínz de Robles había hecho notar que «si Juana de Ibarborou, Gabriela Mistral, la Vaz Ferreira nos arrastran con su pasión incontenible, Dulce María nos retiene con una contenida angustia, con su timidez espiritual, tan llena de misterios como una fantástica galería de ensueños apremiantes».[8] Antes, en 1947 María Rosa Alonso se había detenido en estas diferencias de nuestra poetisa con las otras dignas representantes de su generación en América hispana, al señalar que «no hay en la poesía de Dulce María Loynaz los tiernos acentos maternales de una Gabriela Mistral; ni la sublimada sensualidad de Alfonsina Storni, ni el condensado acento que en la suya imprime Juana de Ibarborou, angel sedente de su hogar, pero agitado por inquietos sueños de lejanía o esa sorprendente descarga lírica de la malograda Delmira Agustini, la novia del sol. Hay en Dulce María Loynaz —añade— una vigorosa potencialidad lírica, que dándole un alto valor espiritual a su obra, informa el tono de sus composiciones de unidad poética y le crea una atmósfera tan esencialmente personal e inasible, que es ella, la atmósfera, el aire, quien la separa de todas».[9]

La obra de Dulce María Loynaz ha sido reconocida tanto por grandes valores de las letras españolas como Juan Ramón Jiménez y Gerardo Diego como por representantes destacadísimos de una muy seria crítica hispanoamericana como Max Henríquez Ureña y José María Chacón y Calvo, por tan sólo citar unos pocos. Es una de las más altas voces líricas de Cuba y una importantísima representante de la poesía femenina en América Hispana.

NOTAS

1. Max Henríquez Ureña. *Panorama histórico de la literatura cubana,* Vol. II, Puerto Rico, Edit. Mirador, 1963, 358.
2. Dulce María Loynaz. *Obra lírica,* Madrid, Aguilar, 1955, 356. Todas las citas de esta obra se referirán a esta edición y se expresarán mediante el número de la página correspondiente, a continuación de la cita, entre paréntesis.
3. Citado por Aurelio Boza Masvidal. «Dulce María Loynaz; poetisa de ensueño y silencio», *Universidad de la Habana,* XIV, números 82-87, 1949, 107.
4. Salvador Bueno. «Nota sobre la prosa poética de Dulce María Loynaz», *Boletín de la Comisión Cubana de la Unesco,* III, número 1, 1954, 2.
5. Aurelio Boza Masvidal. *Art. cit.* Los méritos de este trabajo fueron señalados por Oscar Fernández de la Vega en una reseña publicada en la *Revista de la Federación de Doctores en Ciencias y en Filosofía y Letras,* vol. III, núm. 1, La Habana, abril de 1950, 78-79.
6. José Olivio Jiménez. Tesis doctoral de la Universidad de Madrid, 1955, inédita, 144. Citado por Marta Linares Pérez. *La poesía pura en Cuba,* Madrid, Playor S.A., 1975, 189.

7. Eugenio Florit y José Olivio Jiménez. *La poesía hispanoamericana desde el modernismo*, New York, Appleton-Century-Crofts, 1968, 231.
8. Federico Saínz de Robles. Prólogo en *Dulce María Loynaz. Obra lírica*, 12.
9. María Rosa Alonso. «La poetisa cubana Dulce María Loynaz», *Cuadernos de literatura,* Madrid, II, nov.-dic. de 1947, 463.

MERCEDES GARCÍA TUDURÍ: PENSAMIENTO Y SENSIBILIDAD

CONFERENCIA LEÍDA EN LA SESIÓN PLENARIA DE CLAUSURA DEL PRIMER CONGRESO CULTURAL DE VERANO DEL CÍRCULO DE CULTURA PANAMERICANO, COPATROCINADO POR LA UNIVERSIDAD DE MIAMI, FLORIDA. SE LEYÓ EL DÍA 1º DE AGOSTO DE 1981 EN EL KOUBEK MEMORIAL CENTER DE DICHA UNIVERSIDAD. FUE PUBLICADA EN CÍRCULO: REVISTA DE CULTURA, *VOL. XI, 1982, 99-107.*

El Círculo de Cultura Panamericano, se honra hoy declarando Socia de Honor a nuestra ex-Presidente la Dra. Mercedes García Tudurí, fusión feliz de fina sensibilidad y claro y elevado pensamiento. Presentar sumariamente como su vida y su obra prueban esa conjunción excepcional será el propósito de mis palabras.

Fue en ese hogar modelo de los García Tudurí donde le nacieron los tres grandes amores que caracterizan su fecunda vida: el amor a Dios, a su Patria y a la cultura. Terminada la enseñanza primaria en una escuela católica de La Habana, hace su Bachillerato en Ciencias y Letras, en el Instituto de La Habana, precisamente la institución en que llevará a cabo una parte sustancial de su apostolado educacional. El Alma Mater de la Universidad de La Habana la acoge jubilosa y allí obtiene cuatro doctorados: el de Filosofía y Letras, el de Educación, el de Derecho y el de Ciencias Sociales, Políticas y Económicas, todos con excelente expediente académico. Si su excepcionalidad como estudiante aprovechada ya es motivo suficiente para destacarla, más lo es la calidad e importancia de las aportaciones que ella ha hecho a la cultura cubana en cada una de esas ramas del saber humano.

Mercedes García Tudurí es una genuina profesora que no ha dejado nunca de estudiar a través de toda su vida, bien sea por medio de la lectura de las grandes obras del saber universal en los cinco idiomas en que puede hacerlo, bien en una serie de estudios post-graduados, ya en la Universidad de La Habana, ya en Seminarios auspiciados por la Dirección de Cultura del Ministerio de Educación de Cuba, bien en centros universitarios de los Estados Unidos, cuando los vientos huracanados de la gran tragedia que vive hoy la tierra cubana, la arrojan a estas tierras de libertad.

Pero esta cultura vastísima no ha sido nunca en ella, egoísta deleite de erudito. Transida de amor a Cristo, nutrida del mensaje del Sermón de la Montaña, transformó su vida en un fecundo apostolado. Su entrega a su Patria fue total en cada una de sus múltiples actividades culturales. En todas ellas tuvo el apoyo amantísimo de su querida familia y del dulce compañero que le tocó en la vida, José Luis Coya, con quien constituyó un hogar lleno de amor y comprensión. Fue profesora del Instituto de La Habana, Jefa de la Cátedra de

Filosofía y Ciencias Sociales y Directora de ese alto centro docente, honrando con su presencia el cargo que había ostentado Manuel Sanguily. Estoy seguro que buen número de los integrantes de esta prestigiosa concurrencia estudiaron las Ciencias Sociales del Bachillerato cubano en alguna de sus obras de texto, que publicó en cooperación con su brillante hermana Rosaura y que fueron adoptados en numerosas instituciones públicas y privadas de la Segunda enseñanza cubana. Además ocupó el Decanato de la Facultad de Educación de la Universidad Católica de Santo Tomás de Villanueva, fué Presidente de la Sección de Filosofía del Ateneo de La Habana, miembro del Consejo Nacional de Cultura y Educación de la República Cubana, miembro del Consejo Superior de Defensa Social de Cuba, Presidente de la Comisión de Educación de la ciudad de La Habana y una de las figuras fundamentales con la que contó el llamado por la propia doctora García Tudurí, gran animador de la Sociedad Cubana de Filosofía, el Dr. Humberto Piñera Llera, mi querido amigo y también admirado profesor, para fundar esa prestigiosa institución que hace renacer el movimiento filosófico en Cuba después de un prolongado silencio.

En los Estados Unidos ha ocupado cátedras a nivel secundario y después universitario, primero en Michigan y desde hace muchos años en la ciudad de Miami en donde ha profesado en las Universidades de Miami y actualmente en Biscayne College, institución en la que ha alcanzado el más alto rango académico universitario en este país. Fue miembro de las más importantes instituciones profesionales de Cuba y tuvo la representación de su país en prestigiosos congresos internacionales. Ha entregado también sus devociones en el exilio al Colegio Nacional de Periodistas de Cuba, a las sociedades profesionales cubanas y a dos instituciones que han hecho mucho por mantener vigente la alta cultura cubana en estos instantes de tragedia: la Cruzada Educativa Cubana, de la que es Asesora desde 1968 y la Sociedad Cubana de Filosofía en el Exilio, que fundó con la cooperación de valiosísimas figuras de los estudios filosóficos cubanos y de la que es Presidente desde 1977 y también al Círculo de Cultura Panamericano, institución basada en los altos ideales bolivariamos al que ha brindado su apoyo incondicional desde su fundación en 1963 por mi inolvidable amigo Carlos Raggi y Ageo y cuya Presidencia ostentó en el bienio de 1978 a 1979.

Toda esta labor cultural, tanto en su Patria como en el exilio, ha estado y está transida de un alto propósito patriótico: el estudio de las bases éticas de la nación cubana. Asimismo cree que la obra cultural debe tener un fin trascendente, véase al efecto lo que decía con motivo de la fundación en el exilio de la Sociedad Cubana de Filosofía:

«las ideas son los elementos ante los cuales se mellan los filos del tiempo. Cuando los hombres son capaces de trasmontar lo temporal toman conciencia de si mismos y con el fruto de su reflexión tratan de echar los cimientos firmes del mundo real que deviene. La misión de la filosofía es buscar asideros firmes a la vida. La humanidad no puede salvarse sólo con ciencia y técnica: es preciso construir para la eternidad.»[1]

Pero Mercedes García Tudurí además de educadora en el más amplio concepto de la palabra es también una cultivadora del género poético. Su obra lírica está recogida en tres libros fundamentales, *Alas* de 1935, *Arcano* de 1947 y *Ausencia* de 1968. Debemos señalar —y esto nos sorprende— que la exegética cubana está en deuda con la poetisa Mercedes García Tudurí. Están por escribirse los trabajos críticos sobre su obra que demanda la calidad de ésta. No es que no haya sido reconocida por la crítica —entiéndase bien— y ahí está para probarlo la intuición incisiva de un Max Henriquez Ureña que nos ha hablado de un «sutil y delicado intimismo» que se traduce a veces en preocupación filosófica»,[2] o el reconocimiento entusiasta de Juan J. Remos que la ve proyectarse «en una poesía de fondo místico que transpira profunda idealidad y denota serena vida interior»,[3] o la afirmación de Augusto Aparicio Laurencio que la considera «tan llena de intimidad, tan delicada, tan espiritual, tan tradicional y a la vez moderna»,[4] o la apreciación de Matías Montes Huidobro y Yara González que creen encontrar en su último libro *Ausencia* un «refinamiento culto y clásico y hondo».[5] Pero, pese al reconocimiento de historiadores muy fundamentales de la literatura cubana, pese a la apreciación muy positiva de destacados críticos contemporáneos, pese a la inclusión de su obra lírica en valiosísimas antologías del presente, reiteramos que la labor de creación poética de Mercedes García Tudurí está exigiendo una mayor dedicación de nuestra crítica. Recientemente, conversando con un brillante joven literato cubano, que más que una promesa es una pujante realidad, Reinaldo Arenas, señalaba yo esta deuda y él coincidía vehementemente conmigo en el entusiasmo por la creación lítica de la García Tudurí.

Es verdad, que cuando la obra poética es tan sólo una vertiente de la producción creativa de un autor, la pluralidad de manifestaciones intelectuales, sobre todo si como en el presente caso el escritor logra reconocimiento en otras manifestaciones, puede servir por lo menos de medio de desviar o atenuar la atención de la crítica a su obra lírica. La poesía de Mercedes García Tudurí está caracterizada por un intimismo muy delicado, en la que a veces la reflexión filosófica es la que produce esa honda palpitación del espíritu, en que Antonio Machado creía ver la génesis de la genuina creación poética. La poesía de nuestra Socia de Honor es sencilla pero profunda a la vez, si hay un sustrato filosófico indudable en ella, éste está tan felizmente integrado en la forma que la carga intelectual no reduce su valor estético. Su poesía está en cierta medida ligada al Post-modernismo, aunque sólo en algunos de sus aspectos, como es el de la búsqueda de sencillez y el del intento de lograr una mayor sobriedad en la expresión. Intima y profunda son en mi opinión dos de las más fundamentales características de la obra lírica de nuestra poetisa.

En ésta el tema del amor es una constante o núcleo central del que irradian una serie de cuestiones temáticas que están íntimamente relacionadas entre si. En efecto el amor divino nos lleva al tema de Dios, y al de su hijo Cristo, el amor a la Patria, se enlaza a otra de sus claves poéticas, Martí el Apóstol de la libertad cubana. El tema de la libertad aparece ligado al ansia de eternidad, al hambre de Dios del hombre. El tópico renacentista de cuerpo cárcel del alma también se presenta en varios de sus poemas, subrayando el afán de escapar de las ligaduras terrenas. A veces como en «Nocturno» de *Alas* se recoge la angustia sofrenada ante el espectáculo del odio entre los hombres que surge siempre en contraste con la Naturaleza, en la que ella ve la viva presencia de Dios y un mensaje de puro amor fraternal. En *Alas* el tema de la armonía de la Naturaleza se hace presente en «Sinfonía» a través de un feliz empleo de metáforas. Además de su extraordinaria riqueza de matices posee un amplio dominio técnico, quizás por eso es por lo que se ha calificado su poesía de nítida y trabajada.[6] Por ejemplo en «Si nada se pierde» obtiene un poema muy logrado con el empleo de versos anafóricos.

Arcano su segundo libro, al que la penetración crítica de Juan J. Remos calificó de «interrogativo pero lleno de fe»[7] aparece dividido, con un criterio fundamentalmente temático, en tres secciones a las que da nombre el poema que las encabeza: «Límites», «Soledad» y «Angustia». En este poemario vuelve a esculpir en poemas todos sus anhelos y apetencias metafísicas. En «Límites», expresa la angustia por la cárcel del cuerpo: «¡desde entonces la cárcel de mis límites/en angustiosa soledad habito...» (11). En ocasiones como en «Cansancio» el uso del agua tiene una relación íntima con su afán de eternidad, pues aparece la imagen famosa de Jorge Manrique, del mar como símbolo de la inmutable, de lo eterno. En otros poemas, por el contrario, el agua tiene matiz de los inasible y de lo huidizo.

En su más reciente libro *Ausencia* reitera su temática, la temática del alma humana: «un incansable afán porque aparezcan/alas en mi raíz, que es ciega y sorda.» Los profesores Montes Huidobro y González aciertan, en mi opinión, cuando afirman, comentando este libro, que «Mercedes García Tudurí se distingue porque vuelve su mirada a los místicos, entre los cuales la figura de San Juan de la Cruz resalta en su noche oscura camino de un encuentro del Amado y la Amada».[8] No obstante, disiento de los citados críticos, cuando creen ver en esta obra, aunque lo expresen con muchos sofrenados reparos, un rescoldo de duda unamuniana. Creo firmemente que en *Ausencia* corre íntimamente la profunda fe religiosa de la autora. Hay como ya hemos dicho el ansia de su alma por romper las ataduras terrenales, pero no hay —por lo menos asi yo lo veo— esa trágica lucha en que se debate el creador de *Del sentimiento trágico de la vida*. Hay en nuestra poetisa más la actitud de Sor Juana Inés de la Cruz en «Su primero sueño», es siempre la intelectual consciente de las limitaciones de la razón que ve en la fe la única respuesta a las apetencias innatas de su alma. No hay ni tan siquiera la vacilación que caracteriza la obra lírica de otra gran figura de la poesía cubana contemporánea Dulce María Loynaz, vacilación entre la angustia y el afán de encontrar esos secretos significados que muestran en un instante, aunque solo sea un instante, la armonía que esconde, lo que la Loynaz ve a veces como caótico laberinto que la aterra. Hay en la poesía de la García Tudurí mucha más serenidad interior, un dulce sosiego de lo eterno, aunque sea solo a través del presentimiento del ansiado encuentro con Dios que la vida le va posponiendo.

Otra vertiente de la actividad cultural de nuestra homenajeada que creo debe señalarse, es su labor como historiadora de la educación cubana. Cuatro son sus estudios fundamentales en esta materia, dos publicados en Cuba y dos en el exilio. Los dos primeros se refieren a la educación privada en Cuba y a la educación cubana en los primeros cincuenta años de independencia. En este último la historiadora reune una abundante información estadística que sirve de base en cuanto a la evaluación del período republicano para los otros dos ensayos que publica en el exilio, aunque ella lo complemente con otras fuentes como son los censos de la República, los del Ministerio de Educación, las publicaciones de la Unesco y un valioso repertorio de obras de investigación educacional. Subrayo esto, para hacer constar que todos estos trabajos tienen un fundamento estadístico, que pudo ser y fue verificado, todo lo contrario a las estadísticas actuales del régimen marxista que por no ser susceptibles de verificación independiente, carecen por tanto de toda validez científica.

En los indicados trabajos la historiadora sin dejar de poner de manifiesto la importancia de la educación pública cubana muestra la relevancia que la privada tuvo en Cuba, no sólo en el período colonial sino también en el republicano. Estos ensayos se caracterizan por la acuciosidad investigativa que se prueba con la abundante información, por la rigurosa estructuración en la que se siguen criterios cronológicos y temáticos, por las numerosas tablas estadísticas que brindan al lector los datos esenciales que justifican las afirmaciones y evaluaciones de la historiadora y por su constante objetividad y seriedad crítica.

En momentos en que la intriga comunista internacional trataba de desvirtuar los logros de la educación en la República cubana, Mercedes García Tudurí plantea con sus trabajos de 1969 y 1974 una defensa muy bien articulada de los logros de la educación republicana y al propio tiempo hace una crítica fundada de la socialización de la educación cubana. Asi expone con serenidad pero con firmeza el fracaso de la campaña de alfabetización del régimen marxista, prueba que con la implantación de ese sistema político había desaparecido la libertad y la gratuidad que había caracterizado la enseñanza pública cubana, denuncia el propósito nefasto de romper la unidad familiar que persigue el sistema de becas implantado por la dictadura y pone en evidencia el descenso del nivel de toda la enseñanza después de la entronización del comunismo en Cuba. A sus trabajos se les achacó por la pseudo intelectualidad servil y oficiosa de la satrapía cubana, exceso de optimismo en la discusión del período republicano y presentación negativa y politizada del desarrollo educacional con posterioridad al cincuenta y nueve pero nada se ha podido presentar en el orden técnico que rebata fundamentalmente sus evaluaciones eruditas del proceso educativo cubano y sus desvastadoras críticas a la socialización de la educación.

Como ensayista, que es la última vertiente de su obra en que quiero detenerme, Mercedes García Tudurí ha aportado su vasto conocimiento a diversas ramas de la cultura, pero ha mostrado un interés preferente en el ensayo filosófico, en el sociológico y en el literario. En cuanto a sus trabajos filosóficos se distinguen de una parte las monografías dedicadas a grandes figuras de la filosofía, ya sea de la universal como Descartes y Kant, de la española como Ortega y Gasset, de la hispanoamericana en general como Francisco Romero y de la cubana en particular como Félix Varela, Enrique José Varona y los numerosos trabajos en que se evalúa al proceso filosófico cubano y sus relaciones con la historia de la cultura de su Patria. A esto se unen los de temática filosófica general como son los relativos al concepto de la libertad, sus observaciones sobre la objetividad del conocimiento científico, sus ideas acerca del progreso de la filosofía y los que se concentran sobre el tema de la ética.

Sus preocupaciones socio-políticas se hacen patentes en sus ensayos que tratan de la familia, cédula fundamental de la sociedad; el que evalúa los factores ambientales y su influencia en la manera de ser del cubano y los que tienen un contenido socio-jurídico como los que tratan de los derechos individuales y el régimen democrático. Entre los trabajos literarios, históricos y de cultura en general están su valioso «Personalidad y nacionalidad de Heredia», sus dos estudios sobre la Hispanidad, publicados en el exilio, uno en *El Habanero* y otro en *Círculo;* su artículo sobre la presencia cubana en el Bicentenario de los Estados Unidos y sus trabajos evaluativos de diversos aspectos de la cultura cubana.

Cabe una salvedad, y es que a pesar de que he intentado una clasificación temática para dar una idea general de su vasta ensayística, es lo cierto que su humanismo integral hace que ella aborde cada tema desde diferentes perspectivas. Recuerdese que Humberto Piñera en su *Panorama de la filosofía cubana* ha subrayado esa interrelación al expresar que «en ciertos trabajos suyos...intenta un exámen de algunas tésis sociológicas con el auxilio de la filosofía de la política y el derecho».[9]

Quiero ahora solo aludir a dos aspectos de su ensayística que tienen en el presente gran trascendencia. Me refiero a su permanente preocupación por la libertad y la cultura cubana. Mercedes García Tudurí, como ella misma ha reconocido, está adscripta como pensadora a la teología cristiana y a las filosofías espiritualistas contemporaneas. Ha reiterado en más de una ocasión que la libertad metafísica es la radical potencia de la esencia humana, que eleva al hombre a ser algo más que materia y que lo defiende de la determinación a que estaría condenado si sólo materia fuera. Esta concepción la hace postular la democracia como el régimen político-jurídico que responde a las esencias más íntimas del ser humano y a defenderla frente a los peligros que la amenazan en la hora actual. Su lucha en el campo ideológico contra el monismo materialista y ateo de la filosofía marxista por una parte y contra la falta de toma de conciencia histórica del mundo libre por la otra, la ha llevado a la cátedra académica, al ensayo sociológico y hasta al artículo periodístico. Yo recordaba, leyendo sus advertencias a los regímenes democráticos para que no permitieran que la tolerancia que los caracteriza, pudiera ser utilizaba por sus enemigos para destruirlos, que Jorge Mañach en su libro póstumo

Teoría de la frontera hizo similares reclamos. Claro que en una mujer tan transida de fe, el mensaje es siempre optimista y aunque advierta los peligros de deshumanización que corre hoy el hombre, nos recuerda la conducta heroica de «los plantados» del Presidio político cubano actual como prueba de que en definitiva triunfará la espiritualidad humana.

Sus numerosos estudios sobre la cultura cubana son otra prueba más de su acendrado amor a su Patria. En muchos de ellos ha tratado de subrayar la poderosa corriente ética que fluye en el pensamiento cubano desde que se forma la conciencia nacional y que tiene su más alta manifestación en nuestro Apóstol José Martí.

Mercedes García Tudurí es, pues, un verdadero maestro. El maestro es una llama espiritual. Por muy amplia que sea su cultura, por muy fecundas e iluminadoras que sean sus obras, lo que más profundamente deja huellas en sus alumnos es su personalidad. Es su incitación implícita a aprender que expresa su mera presencia, esa ansia de conocer y estudiar que engendra. El genuino maestro abre ante las mentes que se le enfrentan un mundo nuevo, tiñe esa realidad que rodea a sus alumnos de matices hasta entonces desconocidos que los iluminan y les otorgan a sus vidas una significación no soñada, elevan al discípulo a una nueva circunstancia, para aludir a la famosa frase de Ortega y Gasset, una circunstancia mucha más rica en el plano espiritual y cultural.

Hay una frase de José Martí que me impresionó mucho cuando la leí en la adolescencia pero que ahora en los tristes momentos que vive Cuba me satura el alma de inquebrantable confianza en nuestro destino histórico. Patria —decía el Apóstol— es fusión dulcísima y consoladora de amores y esperanzas. Mientas tengamos cubanos como Mercedes García Tudurí, puro amor y genuina esperanza, entrega generosa al cultivo de nuestro pasado y firme fe en un prometedor porvenir, tendremos Patria.

NOTAS

1. Mercedes García Tudurí. «La Sociedad Cubana de Filosofía reanuda sus actividades en el exilio». *Diario Las Américas,* marzo de 1977.
2. Max Henríquez Ureña. *Panorama histórico de la literatura cubana,* 1492-1952, Vol. II. Puerto Rico, Ediciones Mirador, 1963, 362.
3. Juan J. Remos. *Historia de la literatura cubana,* Vol. III, Miami, Florida, Mnemosyne Publishing Co. Inc., 1969, 268-9.

4. Angel Aparicio Laurencio. *Cinco poetisas cubanas,* 1935-1969, Miami, Ediciones Universal, 1970, 11.
5. Matías Montes Huidobro y Yara González. *Bibliografía crítica de la poesía cubana.* (Exilio: 1959-1971). Madrid, Playor, S.A., 1973, 64.
6. *Ibid.*
7. Juan J. Remos. *Op. cit.,* 269.
8. Matías Montes Huidobro y Yara González. *Op. cit.,* 63.
9. Humberto Piñera Llera. *Panorama de la filosofía cubana.* Washington D.C., Unión Panamericana, 1960, 105.

LA CRÍTICA LITERARIA EN ENRIQUE JOSÉ VARONA. SU LABOR CERVANTINA.

CONFERENCIA LEÍDA LA TARDE DEL 7 DE AGOSTO DE 1981 EN LA SOCIEDAD ARGENTINA DE ESCRITORES (S.A.D.E.) DE LA CIUDAD DE BUENOS AIRES, REPÚBLICA ARGENTINA.

Enrique José Varona es una figura sobresaliente en la crítica literaria cubana de fines del siglo XIX y primeras décadas del XX. Pertenece a una generación de notables exégetas literarios, entre los que se destacan Enrique Piñeyro, Manuel Sanguily, Esteban Borrero Echevarría, Rafael María Merchan, Nicolás Heredia, Manuel de la Cruz y José de Armas. Es verdad que Varona tuvo en su larga y fecunda vida —vivió 84 años— muchas facetas que le ganaron prestigio nacional e internacional, pero su amor por la literatura y el amor por su patria fueron las constantes de su vida.

Disfrutó como filósofo de un merecido reconocimiento pues sus conferencias filosóficas de la década de los mil ochocientos ochenta demostraron que fue uno de los más eruditos sistematizadores del pensamiento positivista en la América hispana. Se le considera como uno de los grandes forjadores de la nacionalidad cubana, por sus empeños cívicos, que se hacen patentes, primero en la colonia en su labor encaminada a la formación de la consciencia nacional, en la edición bajo pleno dominio español de la fundamental *Revista Cubana,* de tanta importancia en la evolución cultural de la isla, y en sus empeños patrióticos en el exilio revolucionario, donde llegó a sustituir a su amigo Martí, a la muerte de éste, en la dirección de *Patria,* órgano oficial de la revolución de independencia de su país. Después en la república fue censor severo y honesto de las claudicaciones de la joven nación.

En el campo de la educación, Varona logró también ocupar posiciones meritorias. Llevó a cabo la reforma educacional en el inicio de la república y brilló en su cátedra de la Universidad de la Habana, mereciendo que figuras del calibre de José Enrique Rodó y German Arciniegas[1] le saludaran como un genuino maestro de América. Pero es innegable, que fue la literatura, de todas las disciplinas que cultivó, la más ligada a las esencias de su ser, pues vemos que sus primeras manifestaciones literarias son de muy temprana juventud y esa afición lo acompañará hasta su muerte. Y es la crítica lo que más lo atrajo dentro de lo literario y a la que dedicó una gran parte de su obra.

Varona estaba especialmente dotado para la exegética. Tuvo esa capacidad subjetiva de reaccionar ante lo bello, esa sensibilidad estética tan difícil de definir. Poseyó una vastísima cultura, pues aún muy joven, publicó varios artículos de literatura comparada[2] que asombraron a los críticos por su extraordinaria erudición. Debe aclararse que aunque tuvo algunos estudios académicos, fue realmente un autodidacta. Era un lector incansable y aprendió varios idiomas para tener acceso en el lenguaje original a los autores que, él confesó, le incitaban desde los estantes de libros de la biblioteca de su padre. Pero además de gusto y erudición, Varona tuvo mucho interés en coordinar lo subjetivo con lo objetivo, es decir trató de evaluar la obra que estudiaba en función de determinados criterios estéticos. Hay sin duda un acercamiento de Varona, a la crítica positivista, tanto la sociológica de Hipólito Taine como la psicobiográfica de Sainte-Beuve y en ese acercamiento hay mucho de afinidad, pues tanto Taine como Sainte Beuve pretendieron elevar la crítica a un plano objetivo y dotarla de cierto rigor metodológico. Varona, pues, poseyó una técnica crítica en la que las influencias se mezclan, sin caer en servilismos que no hubieran estado en corcondancia con su actitud intelectual en la que la duda metódica cartesiana era tan fundamental. Pero en general, puede decirse, que Varona fue un crítico positivista en momentos en que la mayoría de la exegética de América hispana se manifestaba bajo la influencia impresionista.

Varona dotó a su crítica de una rigurosidad, una metodología, y una objetividad, que en su época constituyeron una saludable excepción. El hecho de que estuviera acompañado en esa labor por figuras del calibre de un José Enrique Rodó, en su memorable estudio sobre Juan Montalvo, hace patente que su capacidad de observación y de asimilación de la cultura universal le hizo ocupar una posición destacada entre los hispanoamericanos más esclarecidos de su momento histórico.

Su obra crítica recayó sobre la literatura hispanoamericana, la española y la universal. Dentro de las letras de América hispana, concentró más su atención sobre la de su patria, pero en un extenso trabajo titulado «Ojeada sobre el movimiento intelectual en América»[3] dejó expresa constancia de su vastísimo conocimiento de la literatura hispanoamericana. En cuanto a sus estudios sobre literatura cubana, que son numerosos, por afinidad a sus inclinaciones naturales, la exegética varoniana tiene su mayor concentración en la lírica y en la ensayística. Estudió con gran dedicación a poetas cubanos que la crítica ha ido otorgando después, a través de los años, gran trascendencia, tales como José Martí, Gertrudis Gómez de Avellaneda, José María Heredia y Julián del Casal, así como a otras valiosísimas figuras del parnaso cubano[4] que no han disfrutado de igual resonancia continental.

En relación a la ensayística cubana, Varona no sólo estudió todos los grandes escritores y críticos de su generación a los que hemos aludido previamente, sino también a los forjadores de la consciencia nacional, hombres como Félix Varela y José de la Luz y Caballero. Al poco tiempo de la muerte de José Martí, en un discurso memorable pronunciado en la ciudad de Nueva York,[5] dejó sentadas para la Historia y la Crítica Literaria, las bases de la personalidad del mártir de Dos Rios como hombre y como creador.

Su crítica sobre la literatura española, aunque fue muy amplia, mucho más que la dedicada a las letras de Hispanoamérica, tiene como temas predominantes, el teatro del Siglo de Oro, el cervantino, en el que nos detendremos más adelante y el Romanticismo, aunque éste aparece ligado a sus fuentes alemanas, francesas e inglesas. Por medio de su crítica de la literatura universal, Varona hace evidente lo que apuntamos previamente de su erudición. A muchos grandes escritores dedicó valiosos artículos, así Victor Hugo, Lord Byron, John Milton, Johann W. Goethe, Enrique Heine, Giacomo Leopardi, la mayoria de los cuales podía leer en sus idiomas originales.

En fin, que la crítica literaria ocupó una parte muy sustancial de su obra. Muchos de esos trabajos fueron escritores para periódicos y revistas literarias de la época, entre ellos, *El Pensamiento, La revista de Cuba, La revista cubana, El Fígaro* y *El Diario de la Marina,* aunque posteriormente se recogieron en libros. Algunos de sus estudios sobre ensayistas cubanos aparecieron compilados en *Artículos y Discursos*[6] publicado en 1891; en *Estudios literarios y filosóficos*[7] de 1883 se reunieron, además de otros ensayos, tres extensos artículos de literatura comparada, es decir, el que estudia el tratamiento del personaje Caín en la literatura universal, el que compara obras de Moliere y Antonio de Mendoza y el que se refiere a la evaluación de los *menecmos* de Plauto y sus imitaciones modernas; en *Seis conferncias*[8] de 1887, se incluyen en adición a su trabajo sobre Cervantes el que evaluaremos más adelante, estudios sobre Platón, Michelet, Scudery y Emerson. Igual predominio de trabajos críticos tuvieron *Desde mi belvedere*[9] y *Violetas y ortigas*.[10] De este útlimo dijo con razón Juan J. Remos que era «por entero un libro de artículos de crítica, la mayoría de crítica literaria».[11]

A Varona como escritor se le ha atribuido pureza de léxico y corrección de la sintaxis. Hubo en él siempre una preocupación por la forma que se plasma en la armonía y elegancia de su estilo. Señaló José Martí, hablando sobre la prosa varoniana: «De la fijeza del conocimiento le viene la seguridad del estilo, de la certidumbre del valor de cada detalle, la flexibilidad y la majestad de la que indudablemente tiene en sí, acrecentada con su noción bella y sólida del mundo».[12]

Varona unió, a su preocupación por la forma, una inteligencia extraordinaria llevada por un afán muy hondo de lograr determinada objetividad. Su expresión estuvo siempre matizada por un contención y una mesura que dio a su estilo características muy propias. Muy pocas veces hay en Varona exaltaciones y rispideces y cuando la vorágine política que en ocasiones arrastró su vida, lo llevó a hacer afirmaciones que hubieran podido engendrar conflictos, sintió siempre la necesidad de acompañarlas con salvedades en que hizo patente lo consciente que estaba del carácter polémico de las mismas e inmediatamente, quizás un poco sorprendido de su imprudencia, se lanzó a fundamentarlas. Estas situaciones excepcionales también se produjeron en su obra de crítica literaria.

En resumen, fue Varona un exégeta que, sin caer en afiliaciones absolutas, estuvo influenciado por la escuela sociológica de Hipólito Taine y el criterio psicobiográfico de Sainte Beuve, lo que le permitó poner de manifiesto sus extraordinarios conocimientos sociológicos y psicológicos. En general, su obra crítica resalta por la pureza de su estilo, la claridad y sencillez de su expresión y la contención y mesura que siempre la caracterizó.

Por último, vamos a detenernos, aunque sea brevemente, dado el carácter panorámico de esta conferencia, en la labor cervantina de Varona. Por ésta, el crítico cubano se integra a una tradición valiosísima de América que incluye a los argentinos Domingo Faustino Sarmiento, Leopoldo Lugones y Jorge Luis Borges; al ecuatoriano Juan Montalvo; al nicaragüense Rubén Darío; al uruguayo José Enrique Rodó; a los colombianos Antonio Gómez Restrero, Rufino José Cuervo, Miguel A. Caro y Germán Arciniegas; al mexicano Alfonso Reyes y a los cubanos José de Armas y Cárdenas (Justo de Lara), José María Chacón y Calvo y Jorge Mañach, por sólo citar a unas cuantas de nuestras grandes figuras.

Varona dedicó a Cervantes numerosos trabajos. Los estudios más conocidos son la conferencia que bajo el título de «Cervantes» dictó el 23 de abril de 1883 en el Nuevo Liceo de la Habana, que mereció varias reimpresiones[13] y el discurso titulado «Cervantes y *El Quijote*» que pronunció el 13 de mayo de 1905 en la Universidad de la Habana en conmemoración del tercer centenario de la publicación de *El Quijote,* el que fue recogido en libros posteriores de Varona.[14]

En adición a estos dos trabajos, Varona publicó una serie de ensayos sobre distintos aspectos de la obra de Cervantes, cinco de ellos, publicados en la *Crónica de los cervantistas* de Cádiz, fechados de 1872 a 1875[15] y dos publicados en *El Fígaro* de la Habana, de 1905 y

1918 respectivamente.[16] Como he señalado en un libro en que recogí esa dispersa labor cervantina de Varona,[17] el amplio ámbito cronológico que cubren los estudios de Varona sobre el tema cervantino es prueba indudable que durante toda su vida mostró una preocupación especial por la obra del genial manco de Lepanto.

En la conferencia «Cervantes», Varona puso de manifiesto claramente su filiación positivista en el campo de la exegética literaria. Estudió al autor como instrumento para comprender la obra y se preocupó de analizarlo de acuerdo con los conocidos conceptos taineanos de medio, época y raza. Varona incluso llegó a defender la idoneidad de utilizar el método que estaba empleando. Fue estudiando la vida de Cervantes destacando la importancia de las influencias que recibió en su juventud, la relevancia de su contacto con el Renacimiento italiano en virtud de su viaje a Italia, la profunda significación que tuvo para él su participación en la batalla de Lepanto, la escuela de dolor y de fortalecimiento espiritual que constituyó la prisión en Argel y el desencanto y la frustración que llenó su vida al regresar a España.

Creo que uno de los grandes aciertos críticos de Varona fue sin duda su inteligente captación de la importancia que tuvo para la obra cervantina ese período de tiempo en que en virtud de su viaje a Italia, Cervantes se enfrenta al Renacimiento italiano y se sumerge en él. Varona apuntó la posibilidad de que Cervantes percibiera los resplandores del Renacimiento que se hacían todavía sentir en la península italiana; citó como fuentes del autor de *El Quijote* las enseñanzas de Ficino y Pico de la Mirandola; señaló la posible influencia en el genio literario español de las obras de esos tres genios del arte plástico que fueron Leonardo de Vinci, Miguel Angel y Rafael; se atrevió a conjeturar sobre la posibilidad de que Cervantes conociera a Giordano Bruno u oyera a Torcuato Tasso.

En resumen, Varona señaló ya a finales del siglo XIX la extraordinaria trascendencia que esta visita de Cervantes a Italia tuvo para su obra literaria y en el siglo XX, esta relación ha sido estudiada muy acuciosamente por valiosos exégetas cervantinos, como son el italiano Guiseppe Toffanin y el español Américo Castro. Sin entrar en un análisis comparativo que escapa a la naturaleza de este trabajo[18] es lo cierto que Toffanin, en 1920, en su libro *La fine dell'Umanesimo*[19] evaluó la posible influencia en *El Quijote* de las poéticas de Castelvetro y Piccolomini, que plantearon el problema de los elementos diferenciadores entre Historia y Poesía, obras que eran objeto de cuidadosa discusión en la época de la visita de Cervantes a Italia.

Américo Castro en su libro *El pensamiento de Cervantes,*[20] partiendo de la tesis de Toffanin, desarrolló muy ampliamente, con la erudición que caracteriza sus trabajos, la importancia de esa visita. Es verdad que ambos críticos del presente siglo se preocuparon con marcado interés en destacar las repercusiones metodológicas que en la obra cervantina había tenido dicha visita, pero hay que acreditarle sin duda al crítico cubano su acierto en haber previsto la importancia de la estancia de Cervantes en Italia. También hay que reconocerle su penetración crítica cuando, anticipándose a lo que posteriormente Castro denominaría el sistema cervantino de «la doble verdad»,[21] Varona vio en ese acercamiento de Cervantes al Renacimiento italiano las raíces de su omnicomprensiva visión que incluía «la realidad mezquina y el ideal bellísimo que pudiera y debiera sustituirla».[22]

En este brillante trabajo de innegable influencia taineana, Varona atisbó el paralelismo entre el héroe novelesco y el autor y así, llamó a Cervantes *andante caballero de Alcalá*. Además vio cómo el medio en que se desenvolvió el escritor se plasmaba en su genial creación literaria, es decir, analizó con cuidado ese *realismo cervantino* en el que después se ha detenido tanto la crítica.

En cuanto al discurso de la Universidad de la Habana de 1905 es necesario destacar otro acierto de Varona y es el relativo a su afán de establecer conexiones entre *El Quijote* y el *Romancero*. Para Varona el *Romancero* fue fuente de gran cantidad de tipos que son citados por Cervantes y tuvo también influencia en la lengua cervantina. Posteriormente esta relación fue estudiada ampliamente por un discípulo y admirador de Varona, José María Chacón y Calvo, en su ensayo «Cervantes y el *Romancero*» que apareció en su obra *Ensayos de literatura española*[23] y después por Don Ramón Menéndez y Pidal en su fundamental estudio leído con motivo de la apertura en 1921 del curso del Ateneo de Madrid, titulado «Un aspecto de la evolución de *El Quijote*».[24]

Además de *El Quijote* otra obra de Cervantes que llamó mucho la atención de Varona fue *El viaje del Parnaso*. Tres de sus otros trabajos sobre el tema cervantino fueron dedicados a este libro. Me refiero a «Una alegoría de Cervantes», «Una alusión de Cervantes» y «Cervantes y la bella mal maridada». Varona confesó que «después de *El Quijote* es para mí esa elegía que quiere pasar por sátira, si no la mejor, la más digna de estudio de las obras de Cervantes».[25] En otro ensayo, «Epístola cervantina», exhibe el extraordinario conocimiento que tenía de la amplia exegética que había producido la obra de Cervantes.

En fin, que el padre de la lengua española fue para Varona fuente de inspiración para su vida y centro de atracción de su preocupación intelectual. Este positivista cubano que llenó muchas de sus páginas de hondo escepticismo, fue ejemplo de virtudes y luchador infatigable por la causa de la cultura. Si bien en Descartes encontró la duda metodológica y en Augusto Comte el escepticismo ante la metafísica, su admiración por Cervantes le inspiró ese profundo amor por el ser humano que caracterizó su larga y fecunda existencia, una vida que tuvo mucho de quijotesca.

NOTAS

1. José Enrique Rodó, «Carta a Enrique José Varona», *Homenaje a Enrique José Varona*, La Habana, Ministerio de Educación, 1951, 297 y Germán Arciniegas, «Cien mil estudiantes en busca de un maestro», también en ese Homenaje a Varona, 200-203.
2. Me refiero a «El personaje bíblico Caín en las literaturas modernas»; «*La escuela de los maridos* de Moliere y *El marido hace mujer* de Don Antonio de Mendoza» y «*Los menecmos* de Plauto y sus imitaciones modernas». El primero escrito en 1873 y los otros dos solamente algunos años después.
3. Apareció en el libro de Varona *Estudios y conferencias*, tomo II de *Obras de Enrique José Varona*, publicado en 1936 por el gobierno de la República de Cuba, 81 y siguientes.
4. Aludo a Esteban Borrero Echevarría, Diego Vicente Tejera, José Varela Zequeira, Luisa Pérez de Zambrana, José Jacinto Milanés, Teurbe Tolón y Gabriel de la Concepción Valdés (Plácido).
5. Se trata de su discurso «Martí y su obra política» que pronunció el 14 de marzo de 1896, en la Sociedad Literaria Hispanoamericana de la ciudad de Nueva York.
6. Enrique José Varona, *Artículos y discursos*, La Habana, Álvarez y Cía., 1891.
7. _____, *Estudios literarios y filosóficos,* La Habana, La Nueva Principal, 1883.
8. _____, *Seis conferencias,* Barcelona, Gorgas y Cía., 1887.
9. _____, *Desde mi belvedere,* Edición oficial, La Habana, Cultural S.A., 1938.
10. _____, *Violetas y ortigas,* Madrid, Editorial América, 1906.
11. Juan J. Remos, *Historia de la literatura cubana,* reimpreso por Mnemomyne Publishing Co., Inc., Miami, Florida (Cárdenas y Cía., 1945), Vol. II, 70.
12. José Martí, «Seis conferencias de Enrique José Varona», *Homenaje a Enrique José Varona*, La Habana, 1951, 268.
13. Esta conferencia apareció publicada en La Habana, en ese propio año por el editor Manuel Soler. Se reprodujo en *Seis conferencias* de 1887; en la *Revista de Cuba,* tomo XIII, 1883; en el tomo II de *Obras de Enrique José Varona,* de 1936, titulado *Estudios y conferencias* y en *Revista cubana,* año XXII, enero-diciembre de 1947, 7 y siguientes.
14. Fue publicado en el libro de Varona *Por Cuba, discursos,* La Habana, 1918 y en la

ya aludida *Obras de Enrique José Varona,* tomo II, *Estudios y conferencias.*

15. El primero, «La epístola cervántica» era de 23 de diciembre de 1872 y el último, «Cervantes y la bella mal maridada» del 4 de abril de 1875.

16. El de 1905 es «Como debe leerse *El Quijote*» y el de 1918 «De cómo en mi niñez fui Don Quijote».

17. Aludo a la antología *Los estudios cervantinos de Enrique José Varona,* Nueva York, Senda Nueva de Ediciones, 1978.

18. En mi trabajo preliminar de *Los estudios cervantinos de Enrique José Varona* analicé más ampliamente este aspecto.

19. Guiseppe Toffanin, *La fine dell'Umanesimo,* Torina, Bocca, 1920.

20. Américo Castro, *El pensamiento de Cervantes,* Barcelona, Editorial Noguer, 1972.

21. *Ibid.,* 30.

22. Asimismo, Varona aludió a la integración en *El Quijote* de la crítica social y del mensaje de fe en la naturaleza humana cuando destacó el hecho de que Cervantes uniera en su obra «la sátira y el ejemplo». Varona vio en Cervantes al «escritor humorista, que llora y rie al mismo tiempo».

23. José María Chacón y Calvo, «Cervantes y el *Romancero*», *Ensayos de literatura española,* Madrid, Editorial Hernando, 1928.

24. La profesora Zenaida Gutiérrez Vega señala que Chacón y Calvo asistió al discurso de Don Ramón Menéndez y Pidal y cuando, al final del mismo, felicitó al gran maestro, éste le contestó «Este discurso ha de publicarse con notas en que haré constar su precedencia». Zenaida Gutiérrez Vega, *José María Chacón y Calvo, Hispanista cubano,* Madrid, Ediciones Cultura Hispanica, 1969, 183.

25. Véase «Una alegoría de Cervantes» en *Los estudios cervantinos de Enrique José Varona,* 67.

JOSÉ VASCONCELOS: LA RAZA CÓSMICA

CONFERENCIA LEÍDA EL 10 DE AGOSTO DE 1981 EN EL AULA MAGNA DEL INSTITUTO DE FILOSOFÍA, CIENCIAS Y LETRAS, DE LA HOY UNIVERSIDAD CATÓLICA DÁMASO A. LARRAÑAGA, MONTEVIDEO, REPÚBLICA DEL URUGUAY, AUSPICIADA POR EL DEPARTAMENTO DE INVESTIGACIÓN Y ESTUDIOS SUPERIORES DE LETRAS AMERICANAS DE DICHO ALTO CENTRO DOCENTE. FUE PUBLICADA EN LA REVISTA LITERARIA DE ESA INSTITUCIÓN, DIESLA, *VOL. III, AÑO 1982, 7-11.*

Un autor de la cuenca del Caribe que mostró una gran preocupación americanista fue José Vasconcelos. De gran repercusión continental, especialmente por sus obras *La raza cósmica*[1] e *Indología,*[2] el discutido pensador mexicano es un hombre dotado de extraordinaria vitalidad que trasciende en su obra. Poseedor de una poderosa intuición penetra en problemas esenciales de Hispanoamérica. Por otra parte, se le ha achacado que llevado por una fantasía imaginativa portentosa cae en ocasiones en afirmaciones infundadas. Vasconcelos era enérgico, inquieto, desbordante. Unido en su juventud a dos grandes escritores mexicanos, Alfonso Reyes y Antonio Caso, en las labores de renovación cultural que en su país representó el Ateneo de la Juventud, llegó a gozar en vida de extraordinaria popularidad. Vasconcelos contrastaba con Caso, hombre quieto, callado, filósofo reflexivo y con Alfonso Reyes, que parecía querer ocultar su cultura vastísima, por su innata moderación y modestia. Estas tres figuras mexicanas tuvieron el apoyo de otro gran ensayista de América, el dominicano Pedro Henríquez Ureña y llevaron a cabo una labor de enfrentamiento a la filosofía positivista que había ejercido influencia dominante en la historia cultural de Mexico, primero con Gabino Barrera y después con Justo Sierra. Claro que como se sabe fue Justo Sierra un convencido de la ley universal de la evolución,[3] y un pensador positivista, el que da inicio al período de reacción contra el positivismo.

Sierra, en un discurso de 22 de marzo de 1908, irónicamente pronunciado con motivo de la conmemoración de la introducción del positivismo en Mexico por su maestro Barrera, abogó por la necesidad de reemplazar el credo positivista de fe absoluta en la ciencia por un escepticismo científico, es decir, una reelaboración de la duda metódica cartesiana. Carlos González Peña[4] ha puesto de manifiesto que con ello, en realidad, Sierra estaba haciendo públicos los sentimientos e ideas que palpitaban en la juventud de entonces, lo que, como hemos dicho, va a producir la renovación ateneista.

Hay que sabrayar, que dicha actitud tenía una fundamental arista política, pues si bien Gabino Barrera, introductor del positivismo en Mexico, intentó formar una juventud intelectual que estuviera capacitada para efectuar la emancipación cultural que su país necesitaba tanto, lo cierto es, que el grupo llamado de los científicos, es decir los positivistas discípulos de Barrera, con Justo Sierra a la cabeza, repeliendo las continuas sucesiones de crisis políticas que había sufrido el país, brindaron su apoyo al régimen dictatorial de Porfirio Díaz, para aprovechar el período de continua tranquilidad que concedió a México ese régimen totalitario y llevar a cabo una labor de renovación educacional. Es verdad que hicieron énfasis en la enseñanza superior e implementaron la educación popular, pero sin duda, pese a sus logros, dieron su apoyo intelectual a un régimen negador de sustanciales libertades cívicas. Vasconcelos une su vida desde la juventud a la revolución mexicana y aunque su vitalidad y exuberancia, su personalidad tan llena de contradicciones, lo llevaron a períodos de reconocimiento y de ostracismo, es indudable que fue un producto del proceso revolucionario. Ocupó posiciones destacadas, fue Ministro de Educación del país, Rector de la Universidad de México, Director de la Biblioteca Nacional. Llegó a tener una proyección continental que se fundamentó esencialmente en las obras en que exhibió su preocupación americanista.

Hay que reconocer que Vasconcelos acierta en *La raza cósmica* cuando subraya la raíz mestiza de nuestra cultura hispanoamericana, entroncando así su pensamiento con Martí, aunque no se compartan las consecuencias que el pensador mexicano deriva de ella, entre otras, su exaltación de una quinta raza, como la dominante del mundo.

Alberto Zum Felde[5] ha señalado que esta reivindicación del cruzamiento racial del mestizo indohispánico, euroamericano, etc., como tipo virtual del continente ya había sido enunciado y razonado por Justo Sierra, medio siglo antes, en su estudio sobre el pueblo mexicano, pero es innegable que la tesis de Sierra no tuvo la repercusión continental que logró infundirle Vasconcelos. Éste no le veía al indio otra puerta hacia el porvenir que la cultura moderna y destacaba la necesidad del blanco de deponer su orgullo y buscar progreso y redención posterior en el alma de sus hermanos de otras castas. Es en efecto, la tesis martiana de «Nuestra América», cuya esencia es la fusión de los elementos culturales que la integran. Vasconcelos se apoya en el mestizaje espiritual, le interesa porque ve en ello, la posibilidad de creación de una quinta raza. Pero lo esencial, dejando a un lado su fantasía, es el fenómeno de interacción de diferentes culturas, pues éste va a ser la raíz de toda una obra de creación hispanoamericana en el siglo XX, en busca de nuestra verdadera esencia cultural.

En consecuencia, Vasconcelos señala un elemento clave: no olvidar nuestro ancestro cultural, ni lo indio, ni lo español. Precisa antinadamente:

«Háblese al más exaltado indianista de la conveniencia de adaptarnos a la latinidad y no pondrá el menos reparo; dígasele que nuestra cultura es española y en seguida formulará objecciones. Subsiste la huella de la sangre vertida: huella maldita que no borran los siglos, pero que el peligro común debe anular».[6]

La única solución posible era la superación de esa actitud, por la que aboga inteligentemente Vasconcelos.

Concretamente señala que esta integración cultural del hombre hispanoamericano, le da derechos nuevos, aunque recargue su fantasía atribuyéndole una misión sin precedente en la Historia, misión que él noveliza en su obra. Subyacente en la novela está lo aceptable de la idea, es decir, que el hispanoamericano es susceptible de verdadera fraternidad y de visión realmente universal.

Claro que Vasconcelos se deja arrastrar, lamentablemente, por una fantasía desbordada y cae en el plano de la ficción. Así ve el planeta, convertido en asiento de una quinta raza, dominado por los mestizos de Hispanoamérica. Esto ha originado varias reacciones negativas de la exegética hispanoamericana, baste citar la severa crítica que de la obra de Vasconcelos ha hecho Alberto Zum Felde.[7]

Pero en el fondo del pensamiento de Vasconcelos, hay cierta verdad histórica atisbada: el hombre va hacia una progresiva aceptación de la mezcla de razas, los escrúpulos raciales tienden a desaparecer. También hay que detenerse en su observación relativa a que el predominio histórico que ejerece el anglosajón en nuestro Continente se debe en gran medida al individualismo feroz que caracteriza al hispanoamericano. «Se perdió la mayor de las batallas el día en que cada una de las repúblicas ibéricas se lanzó a hacer vida propia, vida desligada de sus hermanas, concertando tratados y recibiendo beneficios falsos, sin atender a los intereses comunes de la raza. Los creadores de nuestro nacionalismo fueron, sin saberlo, los mejores aliados del sajón, nuestro rival en la posesión del Continente».[8] En efecto, al hombre de Hispanoamérica le irritaba la pasividad, la obediencia, se caracterizaba por una excesiva sensibilidad. En nuestras relaciones recíprocas, creía ver, que privaba la susceptibilidad, el temor a la humillación y al faltar las bases de reciprocidad se carecía del fundamento esencial para una convivencia armónica, que tenía que partir necesariamente de un mutuo respeto.

Vasconcelos atisbó acertadamente la corriente histórica hacia el internacionalismo. Así reconoce que «El estado actual de la civilización nos impone todavía el patriotismo como una realidad de defensa de intereses materiales y morales, pero es indispensable que ese patriotismo persiga finalidades vastas y trascendentes».[9] Es decir, el nacionalismo es una necesidad actual pero tendemos hacia lo internacional. En igual sentido se manifestaba el gran pensador español, José Ortega y Gasset en *La rebelión de las masas*,[10] cuando abogaba por la creación de la ultra-nación Europa, la que consideraba que constituía el gran proyecto que reclamaba aquel momento histórico. También Ortega y Gasset veía en el internacionalismo el camino hacia el logro de finalidades vastas y trascendentes, pero con visión profética observaba la civilización occidental en peligro de caer en totalitarismos de derecha o de izquierda.

La organización de las Naciones Unidas, los logros que ha obtenido pese a sus quiebras y deficiencias, las otras agrupaciones multinacionales que han ido surgiendo o consolidándose en las últimas décadas, muestran que no estuvo desacertado Vasconcelos cuando destacaba la importancia de esa tendencia de unión que estaba caracterizando la historia contemporánea. Así afirmaba; «pero ya nadie puede contener la fusión de la gente, la aparición de la quinta era del mundo, la era de la universalidad y del sentimiento cósmico».[11]

Claro que incurría en un optimismo un tanto desproporcionado acerca del internacionalismo futuro, aunque a veces lo refrenaba como por ejemplo, cuando reconocía que había etapas intermedias en la evolución social, donde de depuraban y superaban los apetitos bajos. Si se le puede achacar a Vasconcelos un optimismo un poco utópico, hay que reconocerle al escritor mexicano que, aunque quizás el fin ulterior de la Historia no sea lograr la fusión de los pueblos y las culturas en la forma que él nos la muestra en *La raza cósmica* hay, en nuestra era una tendencia innegable a la universalidad. A ello ha contribuido el desarrollo extraordinario de la técnica científica, la evolución inusitada de los medios de comunicación, y la consecuente interrelación entre los pueblos, lo que ha ido determinando, una mayor necesidad de diálogo universal. Es verdad que el acentuamiento de las discrepancias ideológicas, ha puesto y seguirá poniendo obstáculos al acercamiento universal, pero por otra parte, las propias aberraciones que el exceso de confianza en la ciencia ha engendrado y que han puesto y ponen en peligro la propia existencia de la civilización, posiblemente actuarán como factores de contención y en definitiva facilitarán la búsqueda de soluciones no bélicas.

Pero si la intuición de Vasconcelos es valiosa en la captación de características esenciales de nuestra cultura y en la comprensión de la necesidad creciente de nuestros países de contemplar objetivos más universales y trascendentes, a veces, incurre en afirmaciones precipitadas o por lo menos expuestas sin adecuada justificación. Por ejemplo, ya al final del ensayo central de *La raza cósmica* y partiendo de la ley de los tres estados de Augusto Comte, que como se sabe establecía que el pensamiento ha recorrido, a través de la historia, tres fases, la teológica, la metafísica y la positiva, Vasconcelos hace su planteamiento de los tres estados de la sociedad y distingue entre el material o guerrero, el intelectual o político y el estético o espiritual, sin entrar en una elaboración adecuada que justifique tal planteamiento.

Vasconcelos sin embargo pese a estas quiebras fue un hombre de indudable influencia continental. Sus viajes por la América hispana constituyeron ocasión propicia para que los pueblos de nuestro Continente le expresaran sus simpatías, lo que quizás tenga mucho que ver con su optimismo en nuestro destino. Optimismo que lo acerca en alto grado a Rodó y a Martí. Alberto Zum Felde creía encontrar la causa de la extraordinaria repercusión del *Ariel* de Rodó no sólo en los grandes méritos del autor y su obra sino también en el hecho de que con ese libro se inició la reacción ante el desaliento por el atraso de Hispanoamérica. *Ariel* tocó muy en lo hondo las raíces hispánicas de nuestra cultura. *Ariel*, dice Zum Felde, «inicia la reacción espiritual de la cultura, un neohumanismo frente al positivismo científico de la época, reintegrándola al culto de las idealidades clásicas, la de la derrocada tradición renacentista».[12] Vasconcelos planteó una tesis llena de optimismo sobre el futuro hispanoamericano, de acercamiento a las bases hispánicas de nuestra cultura, de enfrentamiento al pragmatismo y la soberbia anglosajona. Por otra parte, su fecunda labor de gran promotor de la cultura popular caracterizó de sincera su conducta vital y repercutió en el prestigio de sus obras.

Todo esto innegablemente contribuyó a la trascendencia de su labor ensayística. Sus adeptos, que fueron muchos, lo vieron como un soñador, como un iluminado. Sus notas sobre Brasil nos hacen sentir que estamos frente a un enamorado lleno de fiebre, no ante un observador objetivo. Vasconcelos veía en el Brasil, el inicio de la plasmación de su gran sueño iberoamericano. Vio en el gran país sudamericano la fusión de razas que proclamaba, la gran riqueza natural que auguraba un gran destino económico, una destacada evolución intelectual que propiciaría la madurez política necesaria para que se convirtiera en realidad su visión del futuro de nuestra América. Su percepción de la Argentina es también un tanto edénica. Destacó la calidad de sus maestros, que consideraba incluso superiores a los norteamericanos por tener aquéllos una visión más cosmopolita que éstos. Habló con entusiasmo de los centros de altos estudios argentinos, de su libertad académica, producto en gran medida de la reforma universitaria continental de la época que en ese país pudo desarrollarse plenamente. En fin, Vasconcelos vio en Brasil y en la Argentina la presencia de una serie de factores positivos para el pleno desarrollo de ambas naciones como eran las riquezas minerales, la potencia hidráulica de las cataratas del Iguazú, el alto nivel de alfabetismo de sus poblaciones, la seriedad e importancia de sus centros de cultura, la influencia que sus grandes vías fluviales podían ejercer en sus desenvolvimientos agrícolas, la madurez política que en aquel momento histórico parecían exhibir ambos países, en resumen, el ensayista mexicano creyó encontrar en esos dos países la más genuina representación del futuro de Iberoamérica.

El mensaje de José Vasconcelos es pues un mensaje de fe y ahí está la raíz de su trascendencia. Vasconcelos tiene fe en los elementos étnicos que integran Iberoamérica, fe en la tradición cultural hispánica, orgullo de los logros culturales mayas, aztecas e incas, fe en fin, en el hombre iberoamericano y en la capacidad de Hispanoamérica para superar sus problemas. Ni cree en inferioridades raciales, ni tampoco en que nuestra naturaleza exhuberante pueda impedir el desarrollo de nuestras potencialidades y esa fuerza espiritual que emana de su vida y de su obra lo acerca, como ya he señalado previamente, al optimismo de Rodó y de Martí.

NOTAS

1. José Vasconcelos. *La raza cósmica,* 3ª edición, México, Espasa Calpe Mexicana, S.A., 1966.
2. José Vasconcelos. «Indología». *Obras completas,* Libreros Mexicanos Unidos, México, Vol. II, 1958, 1069-1304.
3. Justo Sierra. *Manual escolar de historia universal,* México, 1961.
4. Carlos González Peña. *Historia de la literatura mexicana, desde los orígenes hasta nuestros días,* México, Secretaría de Educación, 1928, 232.
5. Alberto Zum Felde. *Índice crítico de la literatura hispanoamericana,* Los ensayistas, México, Editorial Guarania, 1954, 426.
6. José Vasconcelos. *La raza cósmica,* 24.
7. Alberto Zum Felde. *Op. cit.,* 419-429.
8. José Vasconcelos. *La raza cósmica,* 18.
9. *Ibid.,* 20.
10. José Ortega y Gasset. *La rebelión de las masas,* 36ª edición, Madrid, Revista de Occidente, 1962.
11. José Vasconcelos. *La raza cósmica,* 47.
12. Alberto Zum Felde. *Índice crítico...,* 291.

PEDRO HENRÍQUEZ UREÑA: LA BÚSQUEDA DE NUESTRA EXPRESIÓN

CONFERENCIA LEÍDA EL 11 DE AGOSTO DE 1981 EN EL AULA MAGNA DEL INSTITUTO DE FILOSOFÍA, CIENCIAS Y LETRAS DE LA CIUDAD DE MONTEVIDEO, UNIVERSIDAD CATÓLICA DÁMASO A. LARRAÑAGA, REPÚBLICA DEL URUGUAY, ORGANIZADA POR SU DEPARTAMENTO DE INVESTIGACIÓN Y ESTUDIOS SUPERIORES DE LETRAS AMERICANAS. APARECIÓ EN LA REVISTA LITERARIA DE ESE CENTRO DE ESTUDIOS, DIESLA, VOL. III, AÑO 1982, 11-15.

Un ensayista del área del Caribe que se acerca a Martí y a Vasconcelos en su gran preocupación por nuestra América, es el dominicano Pedro Henríquez Ureña. Miembro destacadísimo de una familia ilustre en las letras y en la cultura de su país,[1] Pedro Henríquez Ureña caracterizó su vida por una incesante labor de investigación, en la que la mesura, la sobriedad, el equilibrio clásico, matizó su prosa de una claridad y pureza extraordinaria. Hombre en que siempre hubo un predominio del profesor sobre el escritor, sus ensayos tienen cierto carácter didáctico, condición de maestro intrínsica a su vida y a su obra que Juan Jacobo de Lara destacó en su reciente obra sobre el eximio dominicano.[2]

Pedro Henríquez Ureña vio también en América la gran utopía. Nutrido de una vasta cultura clásica, creyó ver que ese ideal griego de inquietud permanente, de ansia de perfeccionamiento constante, podía ser realizado por la fusión de las culturas indígenas y española en Hispanoamérica.

En su breve pero medular introducción a esa importantísima obra que es la *Historia de la cultura en la América española*,[3] explica Ureña que Madrid había constituido el núcleo puramente cultural en donde estaba asentada la unidad del idioma español en América y que al producirse la crisis en el desarrollo histórico de España que representó la guerra civil, las ciudades de México y Buenos Aires, como focos fundamentales de producción editorial, se habían repartido a partir de entonces esa dirección cultural. Es verdad que el proceso de recuperación que ha experimentado España hasta el presente momento ha hecho que su vida económica y cultural haya podido superar las desvastadoras consecuencias que el conflicto bélico hubo de producir, pero es innegable que el crecimiento y el desarrollo cultural de Hispanoamérica en ese mismo período ha sido tan extraordinario que en el comienzo de las dos últimas décadas del siglo XX, puede afirmarse, sin caer en claudicaciones provincianas, que la tradicional hegemonía cultural de la península ibérica se ha convertido en una labor común en la que Iberoamérica realiza su aporte igualitario.

Debe dejarse señalado que ese optimismo fundamental en relación a nuestro futuro cultural no está ligado en Henríquez Ureña, como no lo estuvo en José Martí, ni tampoco en José Vasconcelos, pese a algunos excesos de entusiasmo de este último, a un regionalismo estrecho. Pedro Henríquez Ureña se acerca mucho a José Martí en la universalidad de su pensamiento. Hombre de una genuina y vastísima cultura, unió a su excepcional talento una nunca satisfecha hambre de lectura pero, al igual que Martí, Henríquez Ureña estaba consciente de que para llegar a un ideal de universalidad el hombre de América hispana tendría que ser de su tierra. En ese libro tan fundamental que es su *Ensayos en búsqueda de nuestra expresión,* Henríquez Ureña afirma: «El hombre universal con que soñamos, a que aspira nuestra América, no será descastado, sabrá gustar de todos, apreciar todos los matices, pero será de su tierra; su tierra y no la ajena, le dará el gusto inmenso de los sabores nativos y ésa será su mejor preparación para gustar de todo lo que tenga sabor genuino, carácter propio»,[4] es decir, el pensador dominicano abogaba por la búsqueda de la universalidad a través de la armonía de los diferentes matices. No renunciar a lo autóctono. La unidad íntima del ser humano está en su esencia y ésta llama al acoplamiento de las culturas diferentes, síntesis por la que el hombre crece espiritualmente.

Pedro Henríquez Ureña, no obstante la profunda preocupación americanista que caracteriza toda su obra, nunca encontró incompatibilidad entre sus ansias de hallar las bases propias de nuestra americanidad y su amor por la tradición occidental y en particular hispánica. José María Chacón y Calvo, en un importante trabajo sobre el gran crítico dominicano, hablando sobre la interrelación de estos dos conceptos, afirma: «El hispanismo de Pedro Henríquez Ureña precede quizá a su americanismo. En el espíritu de este humanista de raza los dos términos se complementan. Así en su reveladora conferencia sobre Don Juan Ruiz de Alarcón, la tesis Mexicanista ilumina uno de los grandes capítulos de la historia del teatro español de la época áurea».[5] Recientemente, Zenaida Gutiérrez Vega, en un estudio sobre el epistolario de Pedro Henríquez Ureña con José María Chacón y Calvo, Francisco José Castellanos y Félix Lizaso, ha insistido en esa vinculación del gran dominicano con la Madre Patria.[6]

Pedro Henríquez Ureña evalúa inteligentemente las razones que han determinado nuestra tendencia a alejarnos de nuestros valores autóctonos y haber vivido imitando el modelo europeo. La primera causa que apunta es una estrechamente ligada a la naturaleza humana pues, como titula uno de sus ensayos, en cada generación se renueva «el descontento y la promesa».[7] El crítico recorre la historia desde Roma, imitadora de Grecia, la Edad Media, el Renacimiento, etc., para demostrar que el hombre a través de su camino en el tiempo siempre ha tratado de lograr su engrandecimiento espiritual y material en la imitación de lo que creía mejor y esto ha constituído la raíz de la tradición cultural.

A ese factor general añade otro específico de nuestra historia y es el hecho de que según él «la conquista decapitó la cultura del indio, destruyendo sus formas superiores (ni siquiera se conservó el arte de leer y escribir los jeroglíficos aztecas) respetando sólo las formas populares y familiares»[8] y agregaba «como la población indígena, numerosa y diseminada en exceso, sólo en mínima porción pudo quedar íntegramente incorporada a la civilización de tipo europeo, nada llenó para el indio el lugar que ocupaban aquellas formas superiores de la cultura autóctona».[9] Esta decapitación a la que alude Henríquez Ureña produjo dos consecuencias sustanciales, una en relación a la masa indígena de la América hispana y otra referente a los colonizadores y sus descendientes. En cuanto a la primera, determinó, en unión de las características de la colonización, que las grandes masas indígenas no pudieran integrarse a la cultura española; en relación a la segunda, hizo surgir en la población que venía a América y en sus descendientes, un concepto negativo de las características de los indios. Impugnando esa opinión, afirma el pensador dominicano que «ninguna inferioridad del indígena ha sido estorbo a la difusión de la cultura de tipo occidental».[10]

Mostrando su ponderado equilibrio, Henríquez Ureña evalúa como la América hispana, sin desconocer su tradición de imitación europea, ha ido expresando sus caracteres propios en sus diversas manifestaciones culturales, bien sean éstos la música, la danza, las artes plásticas o la creación literaria. El eximio dominicano subrayó «el maravilloso florecimiento de las artes plásticas en la época colonial, y particularmente de la arquitectura»,[11] para después destacar la gran significación de la arquitectura barroca y el hecho de que tuviera en el siglo XVIII repercusiones en la propia España.

En relación al aspecto literario, que tan cerca estaba de su vocación más íntima, Henríquez Ureña encontraba una corriente de creación auténtica que corría por la obra del Inca Garcilaso; del dramaturgo Juan Ruiz de Alarcón; del poeta Bernardo de Balbuena —que según él, añadió una nueva versión a la literatura barroca, la de América, fenómeno literario que el gran dominicano fue de los primeros en destacar con toda la importancia que merece;— de Sor Juana Inés de la Cruz; de Andrés Bello; hasta llegar a Sarmiento, Montalvo, Hostos, Varona, Sierra, Martí, Rodó y Darío.

Henríquez Ureña plantea la necesidad de no olvidar ninguno de los factores integrantes porque todos contribuyen a nuestra idiosincracia. No se puede renunciar a la tradición indígena pero tampoco a la occidental. Claro que el ensayista dominicano comprendía las dificultades que para la búsqueda de nuestra expresión representaba el manifestarse en lengua heredada, «en literatura, el problema es complejo, es doble: el poeta, el escritor, se expresan en idioma recibido de España».[12] También se daba cuenta que la importancia de la dificultad estribaba en que «cada idioma es una cristalización de modos de pensar y de sentir, que cuanto en él se escribe se baña en el calor de su cristal».[13] En resumen, que había que reconocer la ambigüedad de la situación, porque de ese reconocimiento se debía partir para buscar nuestras verdaderas esencias. «Aceptemos —añadía Henríquez Ureña— francamente como inevitable la situación compleja; al expresarnos habrá en nosotros, junto a la porción sola, nuestra, hija de nuestra vida, a veces con herencia indígena, otra porción sustancial, aunque sólo fuera el marco, que recibimos de España».[14]

Pedro Henríquez Ureña cree, al analizar las soluciones que se han intentado con el objeto de resolver el problema de nuestra expresión, que no hay solución específica, sino que partiendo del carácter mestizo que le atribuye a nuestra cultura, la respuesta más adecuada estaría en una síntesis de todos los intentos efectuados. Evalúa las soluciones propuestas: la literatura descriptiva, con su carga de exaltación a la naturaleza, presencia telúrica tan poderosa en nuestro continente que arrastra con ella a sus habitantes; la novela indigenista, con su énfasis en el elemento humano autóctono, aunque careció, según Henríquez Ureña, de los correspondientes estudios arqueológicos que son fundamentales y necesarios para cualquier intento serio de interpretación literaria; la corriente criollista, a la que él atribuye cierta imprecisión, pues como sostiene «en la pampa argentina, el criollo se oponía al indio, enemigo tradicional, mientras en México, en la América Central, en toda la región de los Andes y su vertiente del Pacífico, no siempre existe frontera perceptible entre las costumbres de carácter criollo y las de carácter indígena»;[15] y, desde luego, la corriente europeizante, que sigue la tradición hispánica y por ende occidental, y que se enfrenta a las tres anteriores que buscan las raíces nuestras en este lado del Atlántico.

Henríquez Ureña, siempre tolerante y con ansias de objetividad, comprende, aunque no comparta esa perspectiva en un plano absoluto, como algunos de sus sostenedores, la necesidad histórica de haber sido europeizante, pues, en definitiva «todo aislamiento es ilusorio».[16]

Debemos recordar al efecto, que el propio Andrés Bello, otro escritor lleno de ponderación y objetividad, fue atacado de europeizante, a pesar de haber sido, sin lugar a dudas, un destacado adalid de nuestra independencia literaria. Henríquez Ureña, trayendo a colación las ideas de Antonio Caso al respecto, destacaba, para mantener la necesidad de incluir todos los factores, que los tres acontecimientos históricos que habían influido más en la evolución de nuestra América eran, uno español, el Descubrimiento, otro italiano, el Renacimiento y el tercero francés, la Revolución. Pero que no se pueda olvidar un factor implica la necesidad de evitar soluciones parciales, de librarnos de lo articial, en fin, reiterar la necesidad de síntesis, de genuina integración cultural. Sólo, pues, el estudio serio y profundo de nuestra complejidad cultural, será el sendero para empezar a conocernos genuinamente. Señala Henríquez Ureña: «No hay secreto de expresión sino uno: trabajarla hondamente, esforzarse en hacerla pura».[17]

De ahí, la significación que tiene su estudio sobre Juan Ruiz de Alarcón en el que Henríquez Ureña demuestra como la esencia hispanoamericana pudo condicionar la expresión de ese gran dramaturgo del Siglo de Oro hispánico. Comienza por justificar el hecho de que, salvo ocho años, Alarcón vivió en México sus primeros treinta y cuatro y obtuvo en su país natal un título de Licenciado en Derecho Civil. Esto, según el crítico dominicano, determinó que su obra, aunque exteriormente parezca semejante a la de Lope de Vega, difiera sustancialmente en lo interior. Así afirma: «Sobre el ímpetu y la prodigalidad del español europeo que creó y divulgó el mecanismo de la *Comedia,* se ha impuesto como fuerza moderadora de la prudente sobriedad, la discreción del mexicano».[18] Añade Henríquez Ureña otras características expresivas de Alarcón que entroncan con la manera de ser del pueblo mexicano, como son las observaciones breves, las réplicas imprevistas, las fórmulas epigramáticas. Comprende que la sátira no es característica diferencial de ningún pueblo, pero ve acertadamente que mientras en el español hay más audacia y osadía en la burla, —recordaba a Quevedo como ejemplo— en el mexicano, hay mucha más reserva y cautela.

Es necesario indicar que en el fondo, Henríquez Ureña estaba utilizando aportes de la técnica taineana en la interpretación de la obra de Alarcón aunque diluyéndolos con otros instrumentos críticos. Pero esto, en definitiva, no es lo relevante para nuestro estudio. Lo que nos interesa subrayar es que, pese a que el crítico quisqueyano, con su característica mesura profesoral, reconociera que la nacionalidad no puede explicar absolutamente al hombre y al genio, en este estudio hay un intento muy feliz de encontrar constantes en la obra de Alarcón que lo acercan a sus raíces hispanoamericanas.

NOTAS

1. Pedro Henríquez Ureña era hijo de la excelente poetisa y educadora dominicana Salomé Ureña y del destacado hombre público Francisco Henríquez Carvajal, sobrino de Federico Henríquez Carvajal, el gran dominicano devoto amigo de José Martí y hermano de los reconocidos críticos y escritores Max y Camila Henríquez Ureña.
2. Juan Jacobo de Lara. *Pedro Henríquez Ureña: su vida y su obra,* Santo Domingo, Universidad Nacional Pedro Henríquez Ureña, 1977, 232 y siguientes.
3. Pedro Henríquez Ureña. *Historia de la cultura en la América hispana,* México, Fondo de Cultura Económica, 1970.
4. Pedro Henríquez Ureña. *Ensayos en busca de nuestra expresión,* Buenos Aires, Editorial Raigal, 1952, 27.
5. José María Chacón y Calvo. «Un maestro de la cultura: Pedro Henríquez Ureña», *Diario de la Marina,* La Habana, mayo 16 de 1946, 45.
6. Zenaida Gutiérrez Vega. «Pedro Henríquez Ureña. Maestro continental», Cartas a José María Chacón y Calvo, Francisco José Castellanos y Félix Lizaso, (1914-1919, 1935). *Revista Iberoamericana,* No. 94, enero-marzo de 1976, 108.
7. Pedro Henríquez Ureña. *Ensayos...,* 37.
8. *Ibid.,* 33.
9. *Ibid.*
10. *Ibid.*
11. *Ibid.,* 34.
12. *Ibid.,* 42.
13. *Ibid.,* 43.
14. *Ibid.,* 47.
15. *Ibid.,* 45.
16. *Ibid.,* 47.
17. *Ibid.,* 49.
18. *Ibid.,* 97. Una nueva aproximación a este tema aparece en Dolores Martí de Cid y José Cid Pérez, «La mexicanidad de Juan Ruiz de Alarcón», *Romance Literary Studies,* (Homenaje al Dr. Harvey L. Johnson), Marie E. Wellington and Martha O'Nam, edit. José Porrúa Turanzas, S.A., 1979, 63-73.

JORGE MAÑACH: TEORIA DE LA FRONTERA

CONFERENCIA LEÍDA EL 12 DE AGOSTO DE 1981 EN EL AULA MAGNA DEL INSTITUTO DE FILOSOFÍA, CIENCIAS Y LETRAS DE LA UNIVERSIDAD CATÓLICA DÁMASO A. LARRAÑAGA, DE LA CIUDAD DE MONTEVIDEO, REPÚBLICA DEL URUGUAY, BAJO EL AUSPICIO DEL DEPARTAMENTO DE INVESTIGACIÓN Y ESTUDIOS SUPERIORES DE LETRAS AMERICANAS. SE PUBLICÓ EN EL ÓRGANO LITERARIO DE ESE CENTRO, DIESLA, VOL. III, AÑO 1982, 15-22.

Otro ensayista del Caribe que presenta igual preocupación americanista que los anteriores es Jorge Mañach. Biógrafo de Martí, discípulo espiritual del apóstol cubano, nutrido de vastísima cultura adquirida por su ansia vital de lectura y por sus estudios en las universidades de la Habana, Harvard y Sorbonne, era Mañach un hombre dotado de inteligente penetración, de gran capacidad analítica, de expresión elegante y ponderada, que mostró al mismo tiempo que su orgullo por la cultura hispánica, una genuina y permanente preocupación por el destino de nuestra América. Su libro póstumo, *Teoría de la frontera*[1] recogido de las cuartillas que estaba preparando, cuando la muerte lo arrebató, para un ciclo de conferencias que iba a presentar en la Universidad de Puerto Rico y que fue editado con una valiosísima introducción de Concha Meléndez, contiene muchas de sus meditaciones acerca de nuestra manera de ser, de nuestro destino, de las relaciones y tensiones que la cercanía geográfica entre las dos Américas ha producido y seguirá produciendo.

Es verdad que un amplio y exhaustivo estudio del pensamiento americanista de Mañach requeriría además la evaluación cuidadosa de otras fuentes, es decir, el estudio de esa obra tan fundamental de análisis introspectivo de lo cubano que es su *Indagación del choteo*,[2] que en su penetración filosófica va más allá de lo regional, el análisis de sus trabajos medulares sobre Martí, fundamentalmente su conocida biografía *Martí el Apóstol*[3] y su menos conocido ensayo, aunque merecedor de igual fama y reconocimiento que el primero, *El espíritu de Martí*,[4] en cuyas obras, al penetrar en la preocupación de su maestro por nuestra América, deja escapar Mañach angustias y apetencias. Además habría que detenerse en su importante *Examen del quijotismo*[5] donde tan esclarecedoras ideas brotan acerca de Cervantes y lo que su importante obra representa sobre todo en lo referente a como la idea del quijotismo forma parte integral de la idiosincracia de los pueblos hispanoamericanos.

Mañach es una de las más destacadas figuras del ensayo en Cuba en el siglo XX y su dimensión hispanoamericana irá creciendo con el tiempo. El hecho de que apenas transcurridas dos décadas de su muerte, su obra haya merecido varios importantes trabajos de exégesis[6] tiende a corroborar lo afirmado.

Pero volvamos a *Teoría de la frontera* que es, como se ha dicho, el libro de Mañach en que la preocupación americanista no es sólo el tema central sino también, en el que desarrolla sus ideas sobre la materia más ampliamente. Cinco son los capítulos de la obra que corresponden a cada una de las conferencias planeadas. En el primero se establecen ciertos conceptos generales sobre la frontera que servirán de presupuesto necesario para el desarrollo del ciclo. Mañach trata de perfilar el concepto de frontera partiendo de los elementales factores geográficos de confín y límite, pero no deja de reconocer su vigencia establecida por realidades políticas, sociales y culturales, pese a aceptar que al mismo tiempo los intentos de internacionalización son significativos.

Mañach sostiene como cosa innegable que a lo largo de la historia se ha ido acumulando una vocación humana de universalidad.[7] La encuentra ya en el ocaso de la cultura greco-romana y cree que fue el ecumenismo medieval el que transmitió ese noble desvelo al Renacimiento y que fue esta apetencia germen fecundo del Humanismo y del Derecho Natural y el de Gentes. De ahí que América proyectara en pleno Renacimiento esa imagen de tierra llamada a la plenitud de la convivencia humana de libertad y de justicia. De esta imagen, dice Mañach, se ha nutrido la inteligencia de nuestro pueblo. Debe, pues, subrayarse que estas ideas de Mañach acerca de la tendencia humana hacia la universalidad lo acerca a dos pensadores a que hemos aludido expresando opiniones semejantes, José Vasconcelos y José Ortega y Gasset, el gran filósofo español, por el que Mañach sintió tanta admiración.[8]

En la segunda conferencia Mañach intenta determinar los conceptos de la frontera política, ideológica y económica. Partiendo de las ideas de solidaridad humana a que había aludido previamente observa[9] que al plantearse la necesidad de cooperación entre los pueblos para alcanzar ventajas o evitar peligros que a todos afecta o al negarse que la soberanía de una nación le permita la violación de intereses humanos, dentro o fuera de sí misma, si bien dicha filosofía política está protegiendo altos valores humanos y tiene una gran utilidad para resolver conflictos de intereses supranacionales, también conlleva su peligrosidad, particularmente para las naciones débiles, únicas sobre las que realmente puede aplicársele este principio. Mañach concluye al efecto «Una vez asentada la posible licitud de la intervención ajena, en los asuntos interiores de cualquier nación, la elasticidad del principio puede hacerse incalculable y prestarse a todo género de convivencia».[10] Claro que no se le ocultaba que la lección de la historia contemporánea había enseñado la necesidad de que lo humano tenía que estar por encima de lo nacional y que ningún gobierno es legítimo representante de su pueblo cuando entroniza en su propio suelo la arbitrariedad y la opresión.[11] La frontera política, explicaba Mañach, había de ser escudo de la dignidad colectiva; nunca un cerco para esclavizarla.

Pero estos criterios que en teoría están llenos de verdad y de justicia, presentaban dificultades y peligros al aplicarlos a las realidades históricas pues podían prestarse a desfiguraciones abusivas. El único camino posible ante una situación de notoria arbitrariedad, brutalmente lesiva a los más patentes derechos humanos sería la intervención multilateral. Sin perderse en teorizaciones, Mañach veía la importancia que todos estos problemas tenían para nuestra América, sobre todo con referencia a la naturaleza de las relaciones de Iberoamérica y Estados Unidos.

Mañach realizó una evaluación del proceso expansionista de la nación norteamericana, que culminó con la toma de Puerto Rico y Filipinas y la implantación de la Enmienda Platt en Cuba, para ponerlo de manifiesto como ejemplo de una expansión imperialista deliberada y casi metódica, pero también para preguntarse por qué la expansión se paró en las Antillas. No era que Mañach olvidara los episodios de Panamá, Santo Domingo y Guatemala, sino que los veía como tales, es decir, como meros episodios y ya muy distintos del puro afán expansivo. Para Mañach, la conducta de los Estados Unidos, país que da la libertad a Filipinas, retira la presión de la enmienda Platt de Cuba y le da a Puerto Rico su condición de estado libre asociado, determinando el proceso por el cual su pueblo puede en plebiscito escoger la independencia y la actuación de la nación vencedora, que después de grandes sacrificios, lejos de lucrar con sus victorias en los dos conflictos mundiales se echa a la espalda la reconstrucción no ya de sus aliados sino también la de sus pasados enemigos, lo lleva a pensar que existe cierto idealismo en la conducta norteamericana aunque concurran otras concausas pragmáticas. Observa pues «que junto a las motivaciones egoistas de interés nacional y a menudo sobreponiéndose a ellas, han operado ciertos miramientos de orden ético y democrático».[12]

Mañach entra a analizar la aparente indiferencia y hasta aquiesencia del país, —que él reconoce como, de quien más depende el mundo para la defensa de la libertad— ante la existencia de gobiernos opresores en nuestras repúblicas. La razón de esa conducta la encuentra por una parte en el principio de no intervención adoptado a instancia misma de las naciones americanas y por la otra, a una mezcla de factores como son el escepticismo estadounidense en nuestra capacidad democrática y la presión de sus propios intereses económicos y los de orden político internacional. Plantea la tesis[13] de que la democracia, por estar fundada en el consentimiento expreso del gobierno por los gobernados y en la pluralidad de opiniones militantes, no puede ser intrínsicamente imperalista mientras que los regímenes totalitarios ya sean fascismo o comunismo, sienten congénitamente la necesidad de imperar «conjugan así tales regímenes una 'mística' fanática y un cálculo político sin escrúpulo, ingredientes ambos de un imperalismo de nuevo cuño, mucho más implacable y tenebroso que el de las naciones democráticas con que se pretende emparejarlo».[14]

Mañach se preocupa por el hecho de que estando la democracia por esencia condicionada a respetar la libre difusión de todas las ideas, inclusive la de las mismas doctrinas que pueden destruirla, esta propia nobleza ideológica haya conspirado contra ella y le haya impedido elaborarse su propia mística. Mañach rechaza[15] que la disyuntiva actual sea entre capitalismo y comunismo, por las connotaciones negativas del primer vocablo y las positivas del segundo. Cree que la distinción entre ambos sistemas es mucho más profunda pues según él, se trata de un desdoblamiento de la cultura occidental. Mientras que la democracia se sustenta en la libertad como condición de la personalidad y una proyección social (la propiedad privada como condición de independencia personal y de su desarrollo) es decir, se funda en una concepción trascendente del hombre y de la vida; el comunismo, por el contrario, sustituye la trascendencia religiosa por la histórica, o sea, por una concepción inmanentista. «Quiso la salvación del hombre en la tierra, no en el más allá. Reducido así lo social a una escueta base económica, el hombre se vio despojado de aquel finalismo espiritual y convertido en elemento de la máquina social misma».[16]

Mañach comprende que lo que su análisis pone de manifiesto es que toda la oposición entre la democracia liberal y la llamada democracia social descansa en el dilema de trascendencia e inmanencia que en definitiva es el dilema en que se debate la cultura occidental desde el Renacimiento hasta nuestros días. La solución que atisba es la absorción del socialismo. Apoyándose en la Historia, comprende que ninguna gran idea rectificadora del proceso humano ha desaparecido, sino que ha sido incorporada. Esto no quiere decir, y la Historia también lo enseña, que habrá una total sustitución. El hombre, piensa Mañach, no ha renunciado a las grandes conquistas y la libertad es una de ellas. Mañach presiente una nueva época «en que esas dos filosofías rivales se modulasen recíprocamente, socializándose aún más la democracia y liberalizándose el socialismo, pero, reteniendo la suficiente independencia, de tal suerte que ambos tendrían la oportunidad de mostrar cuál es la más prometedora de felicidad y dignidad para el hombre».[17]

El tercer capítulo del libro que corresponde a la tercera conferencia está dedicado al estudio de la frontera cultural. Mañach, tratando de precisar nuestras características, se acerca al problema de la valoración de las culturas indígenas y la aportación que a nuestra América hizo la tradición hispana portadora de la cultura occidental. El enfoque de Mañach sobre nuestras culturas autóctonas no es tan entusiasta como el de Pedro Henríquez Ureña. No puede olvidar que hay contagios románticos y presiones políticas que instan a acentuar lo positivo en nuestro pasado indígena. Repara en que para enorgullecernos de la organización social y los logros de ingeniería que caracterizaban el imperio incaico había que olvidarse de su costo en servidumbre y que de la misma manera, nuestra admiración por los logros de la civilización azteca, tenía que ser entibiada por el conocimiento de los sacrificios humanos que practicaban. Llega incluso a limitar en cierta medida los valores culturales de las grandes civilizaciones indígenas a la categoría de lo estético. Así afirma: «Lo que de aquellas culturas merece salvarse en nuestra estimación, más allá del interés puramente antropológico o arqueológico, son los valores germinales de la sociedad —valores estéticos sobre todo— que en ellas hubo. Pero ninguna beatería indigenista debiera impedirnos advertir que, en realidad, esos valores fueron limitados».[18]

Claro que a Mañach no se le escapaba que el ejemplo de la cultura alemana con su formidable aportación a la civilización occidental pero con la carga de excesos del nacismo, pudiera desvirtuar su observación acerca de la existencia de ciertos paralelismos entre lo que él consideraba la falta de genuinos valores germinales de universalidad y los excesos contra la dignidad y la vida humana en las civilizaciones indígenas y por eso lo trae a colación para dolerse de que el gran patrimonio «de Goethe, de Kant, de Schiller y Hegel quedaba sumido de súbito bajo un tremendo déficit de humana nobleza».[19] No obstante, queda en pie su rigurosidad de criterio con respecto a las civilizaciones indígenas.

Mañach veía la cultura occidental como síntesis del racionalismo griego, del espiritualismo cristiano y del voluntarismo nórdico europeo. Para él,[20] la cultura occidental está naturalmente asociada a la libertad. El progreso tecnológico es un agregado, no pura esencia del occidentalismo. Por eso, por su fe inquebrantable en la cultura occidental, varias veces en esta obra, Mañach declara que no cree mucho en la decadencia de occidente spengleriana. Por esto, por ser portadora a América de esa tradición, ve con tanta simpatía el aporte hispánico. Subraya, por ejemplo, de que el Inca Garcilaso de la Vega, pese a la evocación de tradiciones y costumbres de sus abuelos maternos, en definitiva, se va a educar a España y se prende de León Hebreo. Olvida aquí Mañach, llevado por la defensa que venía sosteniendo de la tradición hispánica, que es *Los comentarios reales*[21] precisamente el primer ejemplo logrado de un incipiente pero ya potente mestizaje cultural, en el que el hijo del oficial español y la princesa incaica trata de armonizar los dos factores culturales que lo integran pero sin prescindir de ninguno de ellos.

Mañach, volviendo al viejo debate histórico entre la leyenda blanca y la leyenda negra de la conquista española de América afirma: «No fue la tan asenderiada 'brutalidad' de la Conquista lo que se impuso a las culturas indígenas, sino más bien —aunque a veces la perspectiva sentimental no nos deje verlo— la superioridad intrínseca de la cultura española, que mal que bien tuvo en los conquistadores y misioneros un reflejo».[22] Para nuestro ensayista, los tres elementos capitales de universalidad que aportó España a América fueron: La lengua castellana, el cristianismo y la idea del Derecho. Claro que estando consciente de la existencia de lenguas locales, religiones indígenas y un mundo normativo en las culturas autóctonas, Mañach se ve precisado a elaborar sobre la superioridad cualitativa de esas concepciones en la cultura occidental.

Pero ya sentada la primacía de la cultura de occidente, la serenidad reflexiva del ensayista cubano, le hacía comprender, que pese a ello y por lo que atribuía al ecumenismo español, las tradiciones de las culturas primitivas quedaron subsistentes. El gran biógrafo de Martí reconoce que esas culturas indígenas, aunque catequizadas más o menos por lo hispánico, «comunicaron no poco de su peculiaridad al estrato criollo, el cual quedó así compuesto, como diría Martí, no ya de 'españoles de uva' pero si de 'maíz'».[23] Así vuelve Mañach al famoso barroco arquitectónico hispanoamericano como clásico ejemplo de la integración de los dos aportes culturales.

Establecidas estas premisas, trata Mañach de apuntar algunas ideas sobre el enfrentamiento de la cultura hispanoamericana con la norteamericana, encuentro de dos modos de sentir, de pensar y de actuar.

Mañach, partiendo del libro de Salvador de Madariaga, *Ingleses, franceses y españoles* en el que el destacado escritor español subrayaba como clave psicológica del pueblo inglés, la voluntad y del español la intuición, destaca lo que de primacía tiene la voluntad calculadora en los ingleses y lo que de predominio de la sensibilidad y la pasión hay en los españoles. El autor de *Meditaciones del Quijote* y del *Espíritu de*

Martí nos trae dos ejemplos al caso: el Quijote y Martí. Muy penetrante es su observación de que para el norteamericano, la dignidad es algo extrínseco, algo a lo que hay que aspirar, algo que hay que ganar mientras que para los hispanoamericanos, la dignidad es algo intrínseco, es una vivencia, un sentimiento, un rasgo central del carácter. En fin, la dignidad para el sajón depende de lo exterior, para el hispanoamericano, de lo interior, es una predisposición. Estas diferentes maneras de sentir, de pensar y de actuar, producto de diferentes procesos históricos, tienen que ver mucho en los problemas de comprensión entre las dos Américas. Por tanto, el estudio y el conocimiento de nuestras respectivas psicologías y tradiciones culturales pudieran asegurar un más eficaz y productivo acercamiento.

En el cuarto capítulo, «La frontera cultural americana», Mañach intenta precisar como el proceso histórico introdujo modificaciones en las culturas americanas con relación a sus dos fuentes, la inglesa y la española, lo que permitiría una mayor comprensión de las respectivas maneras de ser de los dos pueblos. Parte de una evaluación de las características del inglés, condicionadas por el acaecer histórico de Inglaterra, dueña desde el siglo XII de su destino. En ese proceso ve Mañach[24] como ese pueblo fija los valores de la conciencia y de la sensibilidad y los de la acción expansiva: la agresividad, el gusto del riesgo provechoso, los cálculos del sentido práctico. Dualidad trasmitida a América y en la que intervinieron otros dos factores apuntados por Santayana, el puritanismo y el espíritu de la frontera.

El pensador cubano evalúa tanto los aspectos negativos como los positivos del pueblo norteamericano, los que ve responder, por lo menos en determinada dimensión, al espíritu originario de la frontera. Entre los negativos apunta la polarización casi total de la vida hacia los valores económicos, la consiguiente absorción utilitarista y el intrínseco desprecio que esto conlleva a los valores intelectuales y estéticos, la inevitable «estandarización», la simplicidad de gustos populares, cierta arrogancia biológica (posible trasfondo de la discriminación racial). Entre los positivos, el dinamismo innovador y experimental del pensamiento pragmático, su contribución extraordinaria al adelanto científico y técnico, la elaboración de un sistema democrático eficaz, aunque esté viciado por fallas internas como la discriminación racial, la exaltación del trabajo como dignidad del hombre y el optimismo y confianza en el progreso de Norteamérica. Mañach ve esa mezcla de la energía norteamericana con el impulso idealista, como la productora de una síntesis ético-práctica, que ha llevado a los Estados Unidos a realizar una labor tan destacada en la defensa de la libertad en el mundo.

Frente a esta cultura norteamericana, Mañach ve la hispanoamericana, como aquélla en que predomina la sensibilidad pero en la que lo real tampoco está ausente. Encuentra esa dualidad realista-idealista en la formación del alma peninsular a través de la lucha de la Reconquista en que se llevó a cabo una compenetración de lo religioso y lo político. Mañach muy lúcidamente ve *La Celestina* como ejemplo de esa realidad realista-idealista aunque todavía escindida en polos contrapuestos, corrientes diversas que se reflejan en el realismo picaresco de una parte y en el idealismo místico de la otra pero que confluyen en la síntesis del *Quijote* y del teatro del Siglo de Oro. Esta dualidad es importada a América por conquistadores y misioneros.

Mañach comprende que el ambiente físico y social de las nuevas tierras impidieron una confluencia semejante a la de España, primero la extensión territorial y la distancia de la metrópoli determinaron que surgieran ciertas diferencias regionales y aunque en los virreinatos prevalecía el formalismo y la imitación a España, las nuevas ideas del Iluminismo y los ecos de las revoluciones americana y francesa proveyeron lo que él llamó germen espiritual de la independencia. América estaba pues condicionada a recibir el Romanticismo que la penetró profundamente. Quizás en esa rebeldía romántica estuviera la raíz —añado yo— del ímpetu de la oleada positivista, que como muy bien vio Mañach, no pudo lograr vencer nuestro desgano por lo científico pero que sin lugar a dudas, pese a sus fallos, ensanchó la cultura superior hispanoamericana dotándola de un mayor afán de curiosidad. En todo esto vio Mañach el origen del Modernismo con el que nuestras letras dan una aportación original.

Es verdad, y el escritor cubano así lo reconoce, que en los últimos años la influencia del vecino del norte ha sido poderosa pero a pesar de ello, considera que nuestra cultura sigue siendo en el fondo más subjetiva y más centrada.[25] Añade que poseemos una capacidad de disfrute que en general nos hace más felices aunque esto no signifique que seamos incapaces para la acción, lo que pasa es que ésta ha de estar influenciada por aquello que nos toca el alma. En resumen, el hispanoamericano siente muy profundamente, al decir de Mañach, la dignidad de lo humano. Claro que este hombre lleno de equilibrio, veía también nuestros defectos, como la tendencia a adscribir los valores a la persona con detrimento de la colectividad, lo que nos lleva a una pasión un tanto anárquica por la libertad, al particularismo exagerado que tanto caudillismo ha engendrado; nuestra falta de sentido práctico que nos desconecta de la realidad y que nos limita la necesaria visión de futuro. Estas deficiencias nuestras, cita Mañach, ya habían sido señaladas por Martí, cuando indicaba que sentíamos la libertad más como un derecho que como deber y que olvidábamos, que en definitiva, ésta, la libertad, debía ser el medio para el bienestar general pues esa felicidad colectiva era la condición indispensable para que la libertad personal perdurara.

Con palabras que nos hacen recordar a su admirado Enrique José Varona, Mañach resiente que opongamos al pragmatismo del norte un excesivo énfasis en los criterios teóricos y en los gustos estéticos, que todavía nuestras universidades sigan siendo retóricas y rutinariamente diplomadoras y que nuestra literatura y arte muestren más finura en la sensibilidad que energía creadora o crítica. Asomándose a nuestros procesos históricos, Mañach lamentaba que los grandes hombres de Iberoamérica tuvieran que darse a la tarea de menesteres inmediatos sacrificando sus creaciones intelectuales y despojando a la América hispana y el mundo de mayores contribuciones esenciales.

Mañach, pues, ve la necesidad de complementarse y enriquecerse que tienen las culturas de Hispanoamérica y de Estados Unidos. Cree que en esos momentos, no podía adherirse al gran Rodó, en la antítesis de Ariel y Calibán. Consideraba que el mensaje del uruguayo resultó eficaz para contener los excesos de entusiasmo por el positivismo pero pensaba que las manifestaciones que ha brindado la alta cultura norteamericana en este siglo no sólo en la investigación científica sino en la creación artística en los más altos planos de universalidad, necesariamente habrían de cambiar nuestra perspectiva de su cultura.

Mañach termina su conferencia atribuyendo la posición de muchas de las más altas mentes de América, entre ellas, precisamente, las de Martí, Vasconcelos y Henríquez Ureña, como una reacción de defensa de las minorías intelectuales de América hispana ante la creciente influencia que Norteamérica estaba ejerciendo en nuestras clases burguesas.

La última conferencia y capítulo del libro, aunque dedicada en parte sustancial al caso de Puerto Rico y su extraordinaria importancia como frontera cultural de la América latina, concepto que hace extensivo a las islas del Caribe y México, sirve a Mañach para subrayar la necesidad de entendernos, precisar la urgencia del diálogo, diálogo que ha de requerir previamente un mayor conocimiento de nuestros vecinos y de nosotros mismos. La obra de este gran ensayista de América hispana y su preocupación por la búsqueda de nuestras esencias constituye un aporte fundamental a ese alto propósito continental.

NOTAS

1. Jorge Mañach. *Teoría de la frontera*. Introducción por Concha Meléndez. Universidad de Puerto Rico, Editorial Universitaria, 1970.
2. _____. *Indagación del choteo,* Miami, Florida, Mnemosyne Publishing Inc., 1969.
3. _____. *Martí, el Apóstol,* 5ª edición, Madrid, Espasa Calpe, 1968.
4. _____. *El espíritu de Martí,* San Juan, Puerto Rico, Editorial San Juan, 1972.
5. _____. *Examen del quijotismo*, Buenos Aires, Editorial Sudamericana, 1950.
6. Nos referimos a: Andrés Valdespino, *Jorge Mañach y su generación en las letras cubanas,* Miami, Ediciones Universal, 1971; Jorge L. Martí, *El periodismo literario de Jorge Mañach,* Universidad de Puerto Rico, Editorial Universitaria, 1977 y Amelia V. de la Torre, *Jorge Mañach, maestro del ensayo,* Miami, Ediciones Universal, 1978. A esta relación se ha unido recientemente *La obra literaria de Jorge Mañach*, Nicolás Emilio Álvarez, Madrid, Edic. J. Porrúa, 1979. También en 1972 se publicó por la Editorial San Juan, Puerto Rico, un libro *Homenaje de la nación cubana a Jorge Mañach* que contiene valiosos estudios sobre su obra.
7. Jorge Mañach. *Teoría...,* 35.
8. Alberto Baeza Flores ha establecido ciertos paralelismos entre el pensamiento de Jorge Mañach y el de José Ortega y Gasset. Véase «Hacia un humanismo: Jorge Mañach» en Alberto Baeza Flores. *Cuba, el laurel y la palma*, Miami, Ediciones Universal, 1977, 117-142.
9. Jorge Mañach. *Teoría...,* 58.
10. *Ibid.,* 59.
11. *Ibid.,* 60.
12. *Ibid.,* 64.
13. *Ibid.,* 67.
14. *Ibid.*
15. *Ibid.,* 68.
16. *Ibid.,* 69.
17. *Ibid.,* 71.
18. *Ibid.,* 88.
19. *Ibid.*
20. *Ibid.,* 89.
21. El Inca Garcilaso de la Vega. *Comentarios reales.* 7ª edición, Buenos Aires, Espasa Calpe Argentina, S.A., 1964.
22. Jorge Mañach. *Teoría...,* 91.
23. *Ibid.,* 92.
24. *Ibid.,* 112.
25. *Ibid.,* 118.

JOSÉ MARTÍ Y LAS REPÚBLICAS DEL PLATA

UNA SÍNTESIS DE ESTE TRABAJO FUE LEÍDA EN LA UNIVERSIDAD DEL ESTADO DE NUEVA YORK (S.U.N.Y) EN NEW PALTZ, EN EL SYMPOSIUM MARTIANO EN EL CENTENARIO DEL ISMAELILLO, *EL DIA 29 DE MAYO DE 1982.*

Uno de los escritores de la América hispana cuyo pensamiento está saturado de una honda preocupación por el destino continental, es, sin duda, José Martí. Aunque dedicó fundamentalmente su vida a lograr la libertad de su patria, esta labor redentora de Cuba aparece en su obra como el medio necesario para preservar la independencia de las naciones hispanoamericanas, a las que él siempre agrupó en el concepto luminoso de «Nuestra América». Martí constituye una figura fundamental en esa poderosa corriente optimista sobre el destino de América, que fluye en el pensamiento hispanoamericano y que tiene figuras tan valiosas como José Enrique Rodó, José Vasconcelos y Pedro Henríquez Ureña.

Deportado de su patria por razones políticas, en plena adolescencia, Martí inicia un constante peregrinar, primero por España y después por México, Guatemala, Venezuela y Estados Unidos. En la lejanía y la nostalgia que engendra el destierro, le nació a Martí esa vocación americanista que matiza toda su obra y en la que la preocupación por lo autóctono no conllevó nunca desdén a la tradición fecunda de la mejor España. Martí no estuvo en los países del Plata, pero le unió a ellos lazos indisolubles que nacieron de la más profunda comunión espiritual. Tuvo buenos amigos argentinos, uruguayos y paraguayos; recibió honores diversos de esas naciones; escribió con asiduidad para periódicos en Buenos Aires y Montevideo; fue lector voraz de muchos libros sobre la historia, la cultura en general y la literatura en particular de esos países y efectuó valiosísimas reseñas de algunos de ellos. En fin, mostró en su obra un conocimiento extraordinario de los países del Plata y comprendió en toda su magnitud la importancia trascendental que para el destino de América tendría ese naciente, pero pujante, centro de irradiación cultural y técnica.

La obra de Martí está llena de páginas inolvidables que reflejan su admiración por Argentina y su orgullo como hispanoamericano por los logros que esa nación estaba obteniendo. En el trabajo dedicado a comentar el libro *Tipos y costumbres bonaerenses* de Juan A. Piaggio, Martí se exalta fervorosamente ante la etapa de crecimiento cultural que la Argentina está atravesando en ese momento histórico, bajo la tutela de Alberdi y Sarmiento. Alude a la salida del tirano sangriento (Rosas) y al triunfo de la civilización sobre la barbarie,[1] refiriéndose a la famosa disyuntiva del autor de *Facundo*. Sarmiento, señalaba Martí, «sentó a la mesa universal a su país y la puso a jugar con modelos de escuelas, de máquinas norteamericanas, de ferrocarriles» (VII, 357). Saludó también la apertura de las puertas de Buenos Aires a los necesitados del mundo y la política inmigratoria que se estaba llevando a cabo, pero destacó la intención de los gobernantes argentinos de que esos allegados extranjeros «tomen el sabor del país, y no le hurten más de lo que le den, ni le mermen las dos fuerzas nacionales que a todas las demás completan y coronan, y son como la sal y la levadura de los pueblos: la originalidad y la poesía» (VII, 358).

Toda la obra de Martí sobre la Argentina está basada en esas dos ideas centrales que en las palabras transcritas se apuntan, es decir, admiración por las grandezas materiales, por sus logros en el campo de la educación, de las ciencias, de la técnica industrial, con el mensaje esperanzador para Hispanoamérica que estas realizaciones conllevan y su fe en que la preocupación de ese pueblo por la cultura y por mantener sus propias esencias espirituales, le permitirían conservar sus más puras maneras de ser.

En un artículo publicado en *La América* de New York, la revelación estadística de que Buenos Aires tenía relativamente más escuelas que New York o París (VII, 325) y la preocupación general en la República Argentina por el establecimiento de bibliotecas y escuelas (VII, 326), lo llevaba a meditar acerca de la tendencia de los pueblos de Hispanoamérica a mostrar ciega admiración por todo lo que traía cuño de Francia o Norteamérica y no interesarse en el estudio de lo nuestro. Se dolía de que se leyera a Homero y no sobre nuestro proceso formativo. Esto llevaba a los pueblos de América hispana al desconocimiento de su propia naturaleza e historia, a la falta de comprensión de la existencia de un destino común, a luchas entre hermanos, batallas «por vanidades pueriles o por hambres ignominiosas» (VII, 325).

El propósito de destacar la confianza en nuestras potencialidades inspira muchos de los trabajos de Martí sobre la Argentina. Así, en 1883, en otro artículo de *La América* (VII, 321), saludaba muy positivamente el mensaje del presidente argentino al congreso por la enumeración de logros que hacía y por el tono optimista que lo caracterizaba. Martí se hacía eco de la poderosa inmigración italiana que estaba aumentando la fuerza laboral del país, de la construcción de ferrocarriles y de líneas telegráficas, de la adecuada política de repoblación con la venta de tierras nacionales, del inicio del desarrollo de regiones de gran futuro económico como el Chaco y la Patagonia, del crecimiento industrial y de la sana política económica de un país con una balanza de pagos muy favorable. En otro trabajo, de 1884, en la misma publicación, y que tituló «Juárez», también se regocijaba de que esta ciudad argentina que honraba con su nombre al prócer mexicano, había crecido extraordinariamente en sólo siete años debido a una sabia política de distribución de tierras. Martí no sólo destacaba el crecimiento material, sino también, y quizás con más énfasis, el espiritual y cultural. Para este pensador al que le dolían tanto las agonías de la América latina, el conocimiento de las características de nuestros países constituía la base para el inicio de intentar la superación de sus males. Recuérdese que en su conocida conferencia «Nuestra América» había dicho que lo fundamental del arte de gobierno en estas tierras era «el análisis de los elementos peculiares de los pueblos de América» (VI, 17). Por eso saludaba con vigor la aparición del libro *La democracia práctica* del argentino Luis Varela y aprovechó la publicación del mismo y la de otros como *La política positiva* del chileno Lastarria, para destacar que ya se iniciaba en América el cultivo serio y metódico de la ciencia política y que empezaban en las cátedras americanas a resonar teorizaciones de las doctrinas democráticas. Eso mostraba, según él, el necesario crecimiento de los pueblos que en el disfrute de la paz comenzaban a redimirse de las doctrinas importadas. Así, afirmaba luminosamente:

> «En Europa la libertad es una rebelión del espíritu; es América, la libertad es una vigorosa brotación. Con ser hombres traemos a la vida el principio de la libertad; y con ser inteligentes tenemos el deber de realizarla. Se es liberal por ser hombre; pero se ha de estudiar, de adivinar, de prevenir, de crear mucho en el arte de la aplicación, para ser liberal americano» (VII, 349).

En otro trabajo, que también lleva el nombre de «Nuestra América» (VII, 349), Martí notaba, al hojear el periódico ilustrado *El Sudamericano* de Buenos Aires, que pese a los odios entre hermanos y envidias de aldea que tanto han perjudicado el desarrollo de nuestros países, existía en las tierras del Plata de aquella época, un «espíritu nuevo» (VII, 350) que era como un mensaje luminoso y esperanzador. Esta feliz integración de desarrollo material y genuina conciencia espiritual, que a él le parecía la respuesta argentina al exceso de admiración de lo foráneo, debía convertirse en la fórmula a seguir por nuestras nacientes repúblicas. Por eso, lo que más le impresionaba del aludido libro de Juan a Piaggio, *Tipos y costumbres bonaerenses,* era la ternura que reflejaba el autor al acercarse a su pueblo. Por la misma razón, aunque agradeciera al francés Alfredo Abelot, su dedicación e interés por lo nuestro, que se hacía patente en su libro *La pampa,* publicado en París, le reprochaba que mezclara «sus opiniones aprendidas y prehechas, con las que dan las cosas de suyo, que es lo que el lector busca en los libros» (VII, 369). Martí criticaba al autor porque su carga teórica lo llevaba a juzgar sin la debida objetividad el proceso histórico hispanoamericano. Resentía que Abelot viera la violencia que había caracterizado la historia de nuestros pueblos como consecuencia de particularidades locales cuando, según Martí, era naturaleza común de cuantos pueblos empezaban a vivir (VII, 370).

Martí siempre evaluó las caídas y sufrimientos que experimentaron las repúblicas hispanoamericanas en el siglo XIX como consecuencias necesarias de los vicios y debilidades que engendró la autoritaria administración colonial. Esto explica el por qué de su posición ante el libro de Vicente J. Quesada, *La sociedad hispanoamericana bajo la dominación española.* Si bien lo recibía con gozo, por lo que representaba de preocupación por lo nuestro por parte de un intelectual de América hispana y transcribía extensamente en su trabajo, las ideas de Quesada que él compartía acerca de la capacidad y el vigor de los hispanoamericanos para vencer las dificultades de los pueblos nuevos y para gobernarse y prosperar y reconocía el acierto de Quesada cuando éste consideraba que el éxito estadounidense en comparación con el lento progresar de Hispanoamérica no se debía en modo alguno a causas de superioridad de razas (VII, 390-391), rechazaba la afirmación que Quesada hacía de que los antecedentes de las instituciones de la época de la colonia nada tenían que ver con los males que estaban experimentando las repúblicas de Hispanoamérica. Martí, que llevaba en carne propia las cicatrices de los grillos de las prisiones españolas en Cuba y en su corazón el dolor de su pueblo esclavizado, se dolía de que Quesada olvidara la injusticia de la administración colonial española. Así, afirmaba: «Por el descaro con que se burlaban fueron siempre más célebres sus leyes de España en Indias, que por lo que del derecho mantuviesen o levantaran el carácter» (VII, 391) y más adelante: «Por la justicia no se asimiló el español las razas conquistadas, sino por el sexo ineludible» (VII, 391) y subrayando el centralismo administrativo que tan nefastas consecuencias políticas, económicas y sociales conllevara, agregaba: «a Carlos III tuvo que esperar España, al buen tiempo de un virrey criollo, para ver que la media América del Perú era muy vasta para un solo virreinato» (VII, 391). Sólo cuando Quesada volvía a criticar a España por su centralismo mercantil, aparecía de nuevo en Martí su coincidencia de criterio con el diplomático argentino.

Otro aspecto que preocupó a Martí y que se refleja en su obra es el de las relaciones de América latina y los Estados Unidos. Sabía que el mutuo conocimiento era el antecedente necesario para una armoniosa comprensión entre los dos pueblos y le dolía que existiera en este país del norte tanta ignorancia sobre las naciones de América latina. En dos artículos publicados en *La Nación* de Buenos Aires, uno el 4 de diciembre de 1887 y otro el 22 de junio de 1888, se ocupó de ese problema, con referencia específica a la Argentina. Martí destacaba en el primero de esos artículos que la necesidad de encontrar nuevos mercados de exportación a sus productos, había hecho surgir un cambio de actitud en la prensa y en los centros de gobierno estadounidenses de la época, pero que el mercantilismo que había inspirado el cambio sólo había producido un afán de investigar riquezas y costumbres pero que no había nacido de una genuina afición que hubiera podido ganar la psicología hispanoamericana en la que lo espiritual y lo afectivo tienen tanto peso. Martí se dolía de esa opinión estereotipada que exhibía la prensa norteamericana de aquel tiempo, o sea, una visión negativa de Hispanoamérica a la que se veía integrada «de pueblecillos sin trascendencia, de naciones de sainete, de republicuelas sin ciencia ni alcance» (VII, 330).

Con motivo de un artículo del periodista norteamericano Charles Dudley Warner, se indignaba el Apóstol de sus prejuicios contra México que destruían el valor que sus trabajos hubieran tenido por la viveza de su estilo. Martí resentía la falta de conocimiento que la prensa norteamericana demostraba en sus evaluaciones sobre los problemas que los países de Centroamérica estaban experimentando y aunque reconocía que el trabajo que acababa de publicarse por Eleroy Curtis en el *Harper Magazine* sobre la Argentina y el Uruguay era respetuoso, destacaba que era el asombro mal contenido lo que no dejaba al autor del artículo espacio para la censura. Martí comentaba cómo este trabajo ponía en evidencia el temor que el desarrollo industrial de esa zona del Plata inspiraba a determinados intereses económicos estadounidenses y cómo la opulencia que estaba demostrando la Argentina era lo que ganaba cierto reconocimiento en el observador norteamericano. Lamentaba que fuera sólo lo material, con olvido de lo espiritual y cultural, lo que se tomaba en cuenta.

Las mismas ideas centrales dominan el otro trabajo aludido, el que tituló «La República Argentina en el exterior». El artículo lo motivó una sesión de la Cámara de Comercio de New York y un discurso de Edward Hopkins pronunciado en la misma, en donde había abogado por el establecimiento de una línea de vapores correos entre los Estados Unidos y la Argentina. Martí reiteraba en este trabajo la verguenza que sentían estos hombrse de negocio por saber tan poco de un país que pudiera producirle tanto y el estupor que demostraba una frase de Hopkins: «No sabíamos por acá, que allí junto al otro polo hubiese un país que nos sigue tan de cerca» (VII, 337). Con visión certera, aunque coincide con el discurso de Hopkins en muchos aspectos, aprovechaba la ocasión para criticar duramente la política arancelaria proteccionista norteamericana de la época que cerraba los puertos estadounidenses a los productos de América hispana y que hacía que las mercancías norteamericanas fueran más caras en los Estados Unidos que los productos rivales puestos en los mercados extranjeros. Martí destacaba la recomendación de Hopkins de reformar el servicio diplomático y consular de los Estados Unidos en la América latina, sugiriendo que se enviaran como representantes a funcionarios que hablasen español y que tuviesen el propósito de lograr la aceptación de las clases dirigentes de esos países. Martí veía con beneplácito los posibles beneficios que pudieran derivarse de una adecuada importación en la América hispana de los capitales norteamericanos deseosos de exportación pero hacía inteligentes observaciones acerca de los peligros que pudieran derivarse de ligar a un solo pueblo todo el tráfico comercial de las naciones de Hispanoamérica. Las relaciones de América Hispana y Estados Unidos debían estar basadas, según Martí, en el mutuo conocimiento, en recíproca comprensión y respeto.

En la Memoria que como cónsul general interino de la república del Uruguay, cargo con que lo honró dicho país por iniciativa de su buen amigo Enrique María Estrázulas, envió Martí al Ministro de Relaciones Exteriores del Uruguay en 22 de febrero de 1888, ratifica éste muchas de las ideas que ya hemos apuntado. Aquí aparece su evaluación sagaz de las consecuencias nefastas que el régimen proteccionista estaba produciendo en la economía norteamericana, es decir, las relativas a los excesos de producción, el creciente desempleo de las masas laborales de inmigrantes y las concernientes a la paralización económica que se iniciaba. Martí comprendía que la situación económica había producido la necesidad de remediarla y destacaba las posibilidades de que el proceso de reforma económica y aduanal que ya se estaba iniciando en este país, aumentara sustancialmente en un futuro próximo las importaciones uruguayas en los Estados Unidos. Resulta interesante también observar como Martí, aunque con muchas salvedades acerca de la inoportunidad de incluir en la Memoria asuntos de interés local que no competían al Uruguay, no puede sin embargo, dejar de incluir una referencia a las reformas educacionales que se estaban estableciendo en esa época en las escuelas públicas norteamericanas y que estaban encaminadas esencialmente a la supresión de técnicas memorísticas y a la orientación de la educación hacia una mejor disciplina del carácter, cultivo de la mente y aplicación en la vida. Recuérdese que Martí siempre demostró una gran preocupación por la educación en la América Hispana y en su ensayo «Nuestra América» habló de reorganizar la misión de nuestros centros universitarios con el objeto de que pudieran satisfacer las necesidades nacionales. Esta posición de Martí lo relaciona con grandes educadores de América Hispana, como Andrés Bello, Eugenio María de Hostos o Enrique José Varona.

En una entrevista que se le hizo en sus funciones de cónsul del Uruguay en Nueva York y que fue publicada en la revista *Export and Finance,* el 31 de agosto de 1889 sobre el comercio de los Estados Unidos con Suramérica, destacaba la falta de confianza de este país en el pueblo hispanoamericano como el motivo fundamental de que el comercio entre esas dos regiones del continente no fuera mayor, falta de confianza que contrastaba con la actitud de los países de Europa. Con agudeza, tocando un punto que no se puede desconocer y que inspiraría muchas décadas después a Jorge Mañach atinadas observaciones en su *Teoría de la frontera,* [2] José Martí destacaba que «los hispanoamericanos son hombres altamente sensitivos. Nada les disgusta tanto como que se les haga sentir que no se tiene fe en ellos, en todos los aspectos. El comercio norteamericano ha sufrido un error al no reconocer esta cualidad de la raza hispanoamericana» (VIII, 79).

Martí ponía de manifiesto que pese a esa actitud estadounidense existía en aquella época en Sudamérica un sentimiento general de amistad por los Estados Unidos, país al que se consideraba como «madre de repúblicas» (VIII, 80). Volvía a subrayar la necesidad de conocernos recíprocamente, necesidad que casi ocho décadas más tarde, Jorge Mañach reiteraba con las mismas justificadas razones.[3]

Esto explica por qué Martí acogió con agrado el libro *El Paraguay* de Bourgade ya que éste contribuía a la función de dar a conocer los países de Hispanoamérica. En carta a su amigo José S. Decoud le da cuenta del gusto y provecho con que leyó el libro aunque expresa la reserva de que el autor no había logrado una pintura viva del carácter genuino del paraguayo que según Martí era un pueblo creador. Aunque reiteraba que debía haberse hecho más énfasis en este aspecto, reconocía que la parte final del libro, que estaba dedicada a despertar la confianza en el país y el amor a él era un modelo de concepción y exposición. Con hondo lirismo, y hablando de sus planes de escribir sobre nuestra América para llevar a cabo esa labor de ilustración que tan necesaria era y sigue siendo en las relaciones entre las dos grandes porciones del continente americano, decía Martí: «Hablando del Paraguay, no es posible escribir un artículo: hay que hacer un canto, puesto que allí están las cosas en la época fuerte y nueva del poema» (VIII, 48).

Por lo que representaban las repúblicas del Plata, porque tuvo innegables muestras de afecto y reconocimiento no sólo de tipo personal, sino también institucional y oficial, baste mencionar el nombramiento ya aludido de cónsul que le hizo el Uruguay y el que también le confirió de delegado al Congreso Monetario de Washington o la designación de representante en los Estados Unidos que le otorgó la Asociación de Prensa de Buenos Aires, porque sus artículos constituyeron aportaciones valiosas y frecuentes en importantes órganos publicitarios de esa región y merecieron numerosas reproducciones, porque Martí supo cómo se le quería y se le leía en esas tierras, porque se sabía hijo de «nuestra América», tuvo extraordinaria devoción por esos países, como se hace patente en la mera revisión de algunos de sus trabajos. Cuando el llamado de sus deberes patrióticos, en defensa de la redención de su amada isla, le hizo pensar que podría perjudicar los intereses del pueblo uruguayo, cuya representación como cónsul de Nueva York ostentaba, prefirió renunciar a su cargo con todos los perjuicios monetarios que a su maltrecha economía podía acarrear tal conducta: «Daría mala prueba de mi cariño por el Uruguay —afirmó en su carta de renuncia— exponiéndolo, con mi participación señalada en los asuntos de mi tierra, a un altercado desagradable con la Nación que hoy nos gobierna, y es su amiga» (VIII, 63).

Los países del Plata han mantenido viva la llama del culto a Martí en éste casi un siglo que ha transcurrido desde su muerte. Fue otro hispanoamericano de dimensión continental, Domingo Faustino Sarmiento, quien en carta ya histórica al señor Pablo Groussac de la redacción de *La Nación,* lo instaba a que tradujera al francés el artículo de Martí sobre la inauguración de la estatua de la libertad en la bahía de Nueva York, para que hiciera «conocer esta elocuencia sudamericana áspera, capitosa, relampagueadora, que se cierne en las alturas sobre nuestras cabezas»[4] y en la propia carta señalaba más adelante «En español nada hay que se parezca á la salida de bramidos de Martí, y después de Victor Hugo nada presenta la Francia de esta resonancia de metal»[5] y terminaba la misiva expresando «Deseo que llegue a Martí este homenaje de mi admiración por su talento descriptivo y su estilo de Goya, el pintor español de los grandes borrones con que habría descrito el caos».[6]

Emeterio Santovenia, el destacado historiador cubano, también dio cuenta de que, estando de visita en Buenos Aires, tuvo conocimiento de labios de Eugenia Belin Sarmiento, la nieta del insigne patricio argentino, que una vez su abuelo le había hablado de esta manera, entregándole un ejemplar de *La Nación* de 28 de enero de 1887 que contenía el ensayo de Martí sobre el Cristo de Munkaczi: «Lee esto. Léelo en voz alta. Léelo con la entonación que su contenido merece. Ha de producirte emoción; lo he leído y releído yo. Este autor, este José Martí, no tiene igual entre los escritores contemporáneos».[7] Ya hemos visto en el desarrollo de este trabajo que la admiración entre estos dos grandes hombres era recíproca. Esta mútua devoción ha originado dos valiosísimos ensayos por intelectuales argentinos, uno de Alberto Palcos titulado «Goya, Sarmiento y Martí»[8] y otro de Fryda Schultz de Mantovani «La infancia mágica y real de Sarmiento y José Martí». No obstante, considero que pese a la gran admiración que sintió Martí por Sarmiento, el ensayista cubano veía que la distinción entre civilización y barbarie planteada en *Facundo* no daba respuesta absoluta a toda la problemática hispanoamericana y así afirmó que «no hay batalla entre la civilización y la barbarie, sino entre la falsa erudición y la naturaleza» (VI, 17).

Es muy significativo también que otra gran figura de la región del Plata, de igual dimensión continental, José Enrique Rodó, sintiera similar devoción y admiración por José Martí, que se hizo muy patente, según Walter Rela[10] en su correspondencia con Max Henríquez Ureña y en la cuarta edición de *Ariel* hecha en La Habana en 1905.

Ha sido la Argentina, como subrayó Félix Lizaso,[11] el país que más antologías importantes ha publicado sobre José Martí. Destácanse entre ellas, la preparada por otro grande del ensayo de América, el dominicano Pedro Henríquez Ureña cuya vida estuvo tan indisolublemente ligada a la Argentina, antología que tuvo por título *Nuestra América;* además la del erudito crítico Raimundo Lida, titulada *Páginas selectas;* la de Gaspar Mortillaro, *Páginas escogidas*; la de Bernardo González Arrili, *San Martín, Bolívar, Washington*; y la de Dardo Cúneo, *Estados Unidos.*[12] Cúneo, después de casi cuatro décadas de publicada su magnífica antología, sigue encendido de devoción martiana y mantiene el culto al gran escritor en las tertulias cotidianas de la Sociedad Argentina de Escritores que actualmente honra con su presidencia.

También en la Argentina se ha escrito una importante biografía del Apóstol cubano, nos referimos al libro que Bernardo González Arrili, publicara con el sugestivo título de *José Martí: el hombre que salió en busca de la libertad*, verdadera exaltación poética de la vida del mártir de Dos Ríos, en la que lo más genuino del pensamiento martiano aparece integrado en la narración biográfica. La relación de estudios sobre Martí en la región del Plata resulta interminable[13] y entre ellos se destaca la obra de María L. Berrondo, *José Martí, libertador de hombres.*

Por último, debe mencionarse a Ezequiel Martínez Estrada, quien ya en una de sus primeras obras, *Panorama de las literaturas,* calificaba a Martí, como la figura más grande de Iberoamérica como escritor y el que después de grandes aportaciones a la ensayística hispanoamericana volvió sobre la temática martiana, publicando en 1966, su libro *Martí: el héroe y su acción revolucionaria* y dejó inéditos a su muerte otros estudios sobre el mismo tema que todavía no han visto la luz pública.

En la visita que hace pocos meses hice a esos países recibí una impresión inolvidable al comprender en toda su magnitud la vigencia en ellos del culto martiano. Fui testigo de la devoción con que se evoca el nombre de Martí en los seminarios del Instituto de Literatura Argentina Ricardo Rojas que dirige el prestigioso profesor Antonio Pagés Larraya; de la exaltación hermosamente lírica de la obra de nuestro Apóstol que hizo el poeta, profesor y ensayista paraguayo Carlos Villagra Marsal; del interés y conocimiento que de la ensayística martiana tienen los estudiantes del Departamento de Estudios Superiores de Letras Americanas del Instituto de Filosofía, Ciencias y Letras de Montevideo que dirige el destacado escritor y crítico uruguayo Walter Rela. Martí es hoy figura venerada en estos países y su busto decora con profunda significación una de las plazas centrales de la hermosa Montevideo. No en balde en dicha ciudad se constituyó hace ya muchos años una sociedad cultural «Amigos de José Martí» que conmemora anualmente la caída en Dos Ríos de ese gran cruzado de las causas de nuestra América.[14]

No puedo terminar este trabajo sin mencionar la devoción martiana de dos grandes figuras de las letras uruguayas, me refiero a Carlos Sabat Ercasty, el laureado poeta, autor de esa colección impresionante que es los *Poemas del hombre* y a Ofelia Machado Bonet, la escritora cuya dedicación al estudio de Martí mereció el reconocimiento del pueblo cubano con ocasión del centenario del autor del *Ismaelillo.*

Carlos Sabat Ercasty dedicó el sexto volumen de su aludida colección[15] a cantar a José Martí no sólo como el gran cruzado de la libertad de Cuba, sino como uno de los más preclaros pensadores de América y figura excepcional de las letras del continente. Rafael Estenger recuerda en el prólogo[16] del indicado libro de Sabat Ercasty sobre Martí que el intelectual uruguayo leyó ese poemario en una noche inolvidable, en la vieja plaza de la catedral de la Habana, al pueblo cubano que lo oyó transido de admiración y entusiasmo, con motivo de las conmemoraciones del centenario de Martí.

Ofelia Machado Bonet, ilustre profesora, ensayista, crítica y novelista, también se sintió atraida por Martí. En 1942 escribió un breve trabajo sobre éste y en 1953 ganó con su estudio titulado «En el centenario de José Martí» el primer premio del concurso internacional de ensayos, que la República de Cuba celebró con motivo del centenario de su heroe máximo. El premio fue otorgado por unanimidad por un tribunal integrado por tres autoridades en los estudios martianos, los doctores Miguel Angel Carbonell, Francisco Ichaso y Juan J. Remos. La profesora Machado Bonet recibió en la Habana el preciado galardón y el homenaje de prestigiosas instituciones de cultura, asi ocupó la tribuna de la Universidad de la Habana, del Lyceum y del Tercer Congreso Nacional de Historia que se estaba celebrando en los días de su visita a Cuba.

El hombre que salió en busca de la libertad, como lo llamó lúcidamente el argentino González Arrili, se unió espiritualmente con lazos indisolubles a toda nuestra América y sigue siendo en nuestros días fuente inspiradora para las mentes más preclaras de los países del Plata. En definitiva, el culto al gran espiritu martiano es el culto al alma continental.

NOTAS

1. José Martí. *Obras completas*. La Habana, Editorial Nacional de Cuba, 1963, vol. VII, 357. En lo adelante, todas las referencias a esta obra se referirán a esta edición y se indicarán entre paréntesis con el volumen en números romanos y la página en número arábigo.
2. Jorge Mañach. *Teoría de la frontera*. San Juan, Editorial Universitaria, 1970.
3. *Ibid*.
4. Domingo Faustino Sarmiento. *Obras completas*. Buenos Aires, 1900, tomo XLVI, 175.
5. *Ibid.*, 176.
6. *Ibid*.
7. Emeterio Santovenia. «Martí en francés y en inglés», *Archivo José Martí,* La Habana, Volumen VI, números 19-22, 185.
8. Alberto Palcos. «Goya, Sarmiento y José Martí», *Archivo José Martí,* La Habana, Vol. IV, número 14, 449-452.
9. Fryda Schultz de Mantovani. «La infancia mágica y real de Sarmiento y José Martí», *Archivo José Martí*, La Habana, Vol. IV, número 14, 406-420.

10. Carta personal al autor de esta ponencia de fecha 19 de abril de 1982.
11. Félix Lizaso. «Martí en la Argentina». *Archivo José Martí*. La Habana, Vol. V, números 15-18, 542-548.
12. *Nuestra América* fue publicada en 1939 por la Editorial Losada; *Páginas selectas* en igual año, por la Editorial Estrada; *Páginas escogidas,* también en 1939 por la Editorial Araujo; *San Martín, Bolívar, Washington,* en 1941 por la Editorial Sopena Argentina y *Estados Unidos* por Americalee, en 1944.
13. De la labor crítica martiana en Argentina se han hecho eco dos grandes martianos cubanos, Félix Lizaso en su aludido ensayo «Martí en la Argentina» y Néstor Carbonell en su trabajo del mismo nombre publicado en la *Revista Americana de Buenos Aires*, vol. XXIII, oct. 1929.
14. Véase Francisco C. Bedriñana, *Nuestra América es así...*, La Habana, Editorial Lex, 1945, 250.
15. Carlos Sabat Ercasty. *Poemas del hombre. VI. Libro de Martí*, La Habana, Publicaciones de la Comisión Nacional del Centenario y Monumento de Martí, 1953.
16. Rafael Estenger, «Presencia de Sabat Ercasty» en Carlos Sabat Ercasty, *Op. Cit.*, 3-4.
17. Ofelia Machado Bonet, *En el centenario de José Martí,* La Habana, Publicaciones de la Comisión del Centenario y Monumento de Martí, 1955.
18. Sobre la importancia de la aportación de la profesora Machado Bonet a los estudios martianos, presentó una muy interesante ponencia al XXXIV Congreso Anual de Mountain Interstate Foreign Language Conference, que se celebró en East Tennessee State University, en Octubre de 1984, el profesor José G. Simón de Old Dominion University of Virginia.

LA PREOCUPACIÓN POR CUBA EN SUS ENSAYISTAS DEL SIGLO XIX

UNA SÍNTESIS DE ESTE TRABAJO FUE LEÍDA EN WAKE FOREST UNIVERSITY, CAROLINA DEL NORTE, EN EL XXXII CONGRESO DE MOUNTAIN INTERSTATE FOREIGN LANGUAGE CONFERENCE, EL DIA 8 DE OCTUBRE DE 1982.

Una evaluación del ensayo en Cuba en el siglo XIX partiendo de la perspectiva apuntada en el título, conlleva necesariamente una revisión de destacada figuras de la historia patria porque muchos de nuestros grandes ensayistas no fueron meros intérpretes de la realidad histórica sino actores descollantes en ella. En Cuba como en Hispanoamérica la turbulencia del acaecer histórico hizo que el hombre de letras haya tenido que ser además de estudioso, partícipe de la vida nacional. Esta interrelación ensayista-hombre público que se hace muy patente en el período que estudiamos es menos evidente en los ensayistas que hicieron su aportación fundamental durante la república pero de todas maneras es una constante de variable intensidad.

El hecho tiene muchas implicaciones. Pedro Henríquez Ureña[1] ha subrayado la costumbre que en nuestra América tenemos de exigir hasta al escritor de gabinete la actitud magisterial. Ureña hablaba de la presión a que la juventud de su época sometía a nuestros intelectuales para que se manifestaran sobre los problemas que le interesaban a ésta. Ello puede ser también el resultado de la influencia de todos aquellos hombres que en el proceso formativo de nuestra América realizaron una labor de difusión de ideas redentoras y sufrieron las consecuencias dolorosas de su actitud civica, adquiriendo en consecuencia un matiz de ejemplaridad. Nuestra América se ha acostumbrado a exigir al intelectual la participación activa en la vida pública. Por otra parte no debemos olvidar que pese a que nuestro proceso de independencia rompió la subordinación política a la metrópoli hemos seguido vinculados a la Madre Patria culturalmente. En su actitud de entrega el intelectual de Hispanoamérica se nutrió mucho de la posición española ante la vida. Actitud que, como Picón Salas[2] ha definido, tenía en sus raíces una base antiprágmatica y antitotalitaria. Así, estos hombres fueron herederos de la mejor España.

La labor de nuestros grandes ensayistas durante este importantísimo siglo XIX cubano puede clasificarse, atendiendo a la función que realizaron en el proceso histórico de nuestra nacionalidad, en tres grandes acápites. La ensayística cubana llevó a cabo una función iluminadora en su afán de difundir en la colonia la cultura universal que llegaba a nuestras costas cargada de ideas renovadoras, una función analítica al dedicarse al estudio de los problemas de la patria—lo que constituía el paso previo al intento de la solución de nuestros males —y una función formativa que iría encaminada, más o menos directamente, a la creación de una conciencia nacional. Claro está que estas tres funciones están íntimamente relacionadas pues, en el proceso de formación de nuestra nacionalidad, las mismas iban a servir determinados fines que se irian integrando en el camino histórico de la redención cubana.

La labor crítica del régimen colonial español estuvo determinada por varios factores. Es indudable que hay en muchos de estos trabajos críticos un subyacente, a veces nada oculto, propósito político, pero también en otras ocasiones emana de un afán de conocimiento, de un interés de encontrar, por medio de la investigación y el análisis, las causas de nuestros males y esto nos muestra las repercusiones de la ilustración dieciochesca. ¿Acaso no están en la ilustración las raíces de todos esos movimientos intelectuales del siglo XIX que tienden a formar una conciencia histórica? La importancia de toda esa corriente de ideas es fundamental en la redención de nuestro continente y por ende en nuestra tierra, cuya ubicación geográfica e insularidad fueron causas, por lo menos parciales, de que no fuera arrastrada de inmediato en los huracanes de liberación que recorrieron a la América. Pero de todas maneras la crítica del pasado y del presente es el germen de la creación de un futuro nuevo y esperanzador. El momento de crisis es de angustia y de dolor. En él el hombre se enfrenta ante las llagas de la realidad histórica y la valentía del enfrentamiento la paga con el sufrimiento que emana de la clara conciencia de las deficiencias, errores y hasta atrocidades que descubre. Pero esos períodos de crisis son propicios para el nacimiento de los afanes de libertad. El siglo XIX cubano es un siglo crítico, de dolores producidos y acentuados por la actitud autocontemplativa. Cuba se observa a sí misma, cuidadosamente, buscando sus males, las causas de éstos y apuntando soluciones que cada día se definen más claramente.

No hay que olvidar tampoco en todo este proceso la influencia del romanticismo, que fue además de literario un movimiento ideológico. El romanticismo llegó a Cuba por vía oficial muy tardíamente pues por motivos políticos —el régimen opresor de Fernando VII— tuvo un retraso de tres décadas en entrar en España y en consecuencia las obras de los románticos españoles arribaron a nuestras playas medio siglo después que los grandes autores del romanticismo alemán, francés e inglés eran admirados en los círculos literarios europeos. Sin embargo, paradójicamente, la actitud de alerta ante las ideas y la literatura del mundo de nuestros hombres de letras hizo que Cuba produjera con José María Heredia y Heredia, la primera gran figura de la lírica romántica en América. el romanticismo, con su reconocimiento de la dignidad del hombre, su exaltación de la libertad humana, su contemplación de la naturaleza — que en nuestra hermosa isla conllevó el entusiasmo y la admiración de muchos de nuestros literatos — constituyó sin lugar a dudas, otra poderosa influencia en todo este proceso formativo.

Estudiaremos pues, en este trabajo, esa preocupación por Cuba en la ensayística de ese período que en algunos casos no estaba necesariamente subordinada al propósito emancipador, pero que, en fin, era por un pueblo y por una tierra y anunciaba y se integraría en la preocupación patriótica.

Es un hecho básico a destacar, en que coinciden nuestros historiadores, la importancia del breve período de seis años que al final del siglo XVIII tuvo el gobierno del Capitán General Don Luis de las Casas. Representante típico de la ilustración española, las Casas llevó a cabo una serie de reformas sustanciales de tipo progresista en la administración de la colonia que, si bien no dieron la tónica de lo que iba a ser la política colonial española en el siglo XIX, determinaron la creación de ciertas instituciones que en manos de nuestros hombres de letras fueron instrumentos adecuados a sus propósitos de divulgación de ideas renovadoras, por ejemplo: la creación de la Sociedad Económica de Amigos del País o de *El Papel Periódico*, ambos de tan profunda repercusión en la historia cultural cubana. Claro que, como algunos de los estudiosos de nuestra historia han subrayado, Las Casas pudo llevar a cabo toda esa labor por haber contado con la cooperación de hombres ilustrados que, por sus preocupaciones humanísticas y científicas, habían podido captar las corrientes progresistas de la ilustración que corrían por Europa, cubanos como Francisco de Arango y Parreño, Tomás Romay y los padres José Agustín Caballero y Bernardo O'Gavan y otros que, en unión de españoles meritísimos como el Obispo Juan José Díaz de Espada, ayudaron y dieron todo su respaldo a Las Casas en sus gestiones y facilitaron sus logros.

Este breve período de apoyo oficial y la labor continuada de esos hombres sentaron las bases que propiciaron que la obra de un hombre excepcional, Félix Varela Morales, tuviera una repercusión extraordinaria en nuestro proceso histórico. Varela, que ocupó la cátedra de Filosofía en el prestigioso seminario San Carlos de la Habana, se afilió, aunque con ciertas reservas, a determinados movimientos de renovación en el campo filosófico. Siguiendo el ejemplo del padre José Agustín Caballero, fue de los primeros en explicar en las aulas cubanas las ideas de Descartes,' así como los postulados del empirismo, el sensualismo y la Ideología.

La entrada tardía en Cuba de las ideas de Descartes es sintomática del aislamiento cultural en que la metrópoli había tenido a la colonia. Casi dos siglos tuvieron que transcurrir para que esa labor iluminadora del pensamiento cartesiano tuviera repercusiones en Cuba. Fenómeno que también se observa en el resto del continente americano, pues no fue hasta fines del siglo XVIII que las principales capitales españolas del nuevo mundo contemplaron las polémicas y debates entre cartesianos y escolásticos. Claro que a las razones políticas se unieron otras de carácter religioso pues, como Germán Arciniegas ha destacado,[4] en la propia España y en pleno siglo XVIII se combatían las ideas de Descartes en el proyecto del plan de estudios para la Universidad de Salamanca enviado al gobierno de Madrid.

Varela fue un intelectual que se interesó por llevar a sus alumnos sus propias preocupaciones científicas, su repudio a una subordinación excesiva a la autoridad, sus simpatías por la necesidad de la experimentación, en un ambiente colonial en que la importación de tales ideas avanzadas representaba una temeridad. Varela escribió una amplia obra filosófica en que expuso su pensamiento a este respecto y que se caracterizó no sólo por su amplitud sino también por su seriedad, rigor y método.[5]

La importación de todas estas ideas filosóficas europeas, aunque sometidas a la mesura que caracterizó el pensamiento vareliano, representan una manifestación de independencia intelectual con la metrópoli. Hay en la actitud de Agustín Caballero y de Felix Varela un rompimiento de la servidumbre ideológica que había caracterizado a la colonia y esto constituyó un germen fecundo en el desenvolvimiento histórico de Cuba. Varela fue un defensor de la libertad filosófica de pensar y abogó en el aspecto humano por la experiencia y la razón como instrumentos necesarios para el logro de la verdad. Defendió el derecho a la libertad del hombre y de la naciente patria cubana. Firme creyente, reservó la fe para las cosas divinas sin que su defensa del libre pensar comprometiera su fe inquebrantable en una concepción creacionista del universo siguiendo los cánones de la religión catolica, que profesó con devoción y a cuyo servicio en unión de la patria dedicó con humildad su vida.[6]

José de la Luz y Caballero fue un continuador de Varela en esa labor de divulgación de los nuevos movimientos filosóficos. Era un partidario de las ciencias naturales y, como ha indicado Medardo Vitier, en su pensamiento filosófico confluyen además de corrientes de la antigüedad clásica, de la patrística y de la escolástica, la innovación baconiana, fundamentalmente de Locke, la de los los grandes sistemas alemanes (de Kant a Hegel) y la del movimiento biológico de la primera mitad del siglo XIX.⁷ La Luz fue partidario del método inductivo, como afirmara Remos,⁸ y consideró que la razón era el instrumento adecuado para el examen de las percepciones y representaciones humanas, siendo un decidido admirador de la verdad científica y partidario de la prueba. Sin embargo esa orientación hacia las ciencias no conllevó en él un alejamiento de Dios ni la pérdida de su fe en la inmortalidad del alma.

De gran importancia histórica, por su relieve filosófico y por su trascendencia política, fue la polémica que sostuvo en relación con las ideas de Victor Cousin que tenían el apoyo de los hermanos Manuel y José Zacarías González del Valle. La Luz atacó la doctrina del denominado optimismo histórico que podía utilizarse para justificar la realidad política de la época. Los grandes hombres del pensamiento cubano siempre estuvieron conscientes de impugnar todo aquello que en el plano intelectual pudiera servir de justificación a la dolorosa realidad en que la metrópoli tenía sumida a la colonia. Esto fue subrayado con acierto por Humberto Piñera, cuando estableció una relación entre esta polémica y la que sostuvieron Varona y Teófilo Martínez Escobar sobre el krausismo.⁹

Aunque la mayor significación de La Luz la adquiere en su función de mentor de juventudes, es innegable que estos artículos polémicos sobre las ideas de Cousin, sus Elencos del colegio El Salvador, sus otros trabajos filosóficos y sus artículos literarios, como por ejemplo los que escribió sobre las novelas de Walter Scott, son muestras de esa labor de hondas repercusiones intelectuales que realizaron los ensayistas cubanos y que tanta importancia tuvo en nuestro desarrollo histórico.

En esa obra de divulgación cultural tienen gran relevancia numerosas revistas cubanas que aprovechando las escasas circunstancias históricas propicias, aunque sufriendo las sucesivas hegemonías de los gobiernos liberales y conservadores de la metrópoli, llevaron a cabo una noble función de ilustración de nuestro pueblo. Un número de ensayistas, como Domingo Del Monte,¹⁰ Enrique José Varona, Enrique Piñeyro, Manuel Sanguily, Rafael María Merchán, Nicolás Heredia,¹¹ Esteban Borrero Echevarría, Manuel de la Cruz y otros de reconocida valía, aprovechando la acogida que le brindaban esas revistas, se empeñaron en poner ante el lector cubano las ideas y las manifestaciones literarias que se discutían en las tertulias intelectuales del mundo. Es muy ilustrativo un magnífico trabajo que Nicolás Heredia publicó en la revista *El Pensamiento* de Matanzas en 1899: «Influencia del arte en la civilización».¹² En el mismo, el autor justifica la validez del título no sólo con referencias a civilizaciones antiguas: India, Egipto y Grecia, sino que analiza el peso de las corrientes estéticas en los procesos de transformación histórica: el imperio romano, el advenimiento del cristianismo y el renacimiento y llega a hacer alusiones específicas a la importancia del mismo en la historia española y en la cubana.

Un ejemplo muy notable de esta labor divulgadora de ideas, por la repercusión que tuvo en Cuba y en la América Hispana, fue sin duda el ciclo de conferencias filosóficas que Enrique José Varona pronunció en la Academia de Ciencias de 1880 a 1882 y después publicó.[13] Las mismas han sido consideradas como la más orgánica y erudita exposición de las ideas del movimiento positivista en América Hispana. En ellas y en sus *Estudios Literarios y Filosóficos,* publicados en 1883,[14] Varona no sólo realizó una función didáctica de presentación estructurada de todo ese pensamiento filosófico, que en aquel momento atraía la atención de muchos pensadores, sino que al mismo tiempo expuso sus propias ideas que en algunos casos representaron valiosísimas aportaciones.

Esa función de educación del pueblo se hace evidente en el hecho, no consecuencia del azar desde luego, de que la mayoría de estos grandes ensayistas en este proceso formativo: Varela, Saco, La Luz, Piñeyro, Varona, Sanguily, Martí, fueron y se sintieron hondamente maestros y que algunos escribieron estudios sustanciales sobre la necesidad de la reforma educacional en Cuba y realizaron, cuando las oportunidades ambientales se lo permitieron, intentos muy conscientes en ese campo.

Recuérdese que el afán de reforma de Varela no se concentró solamente en lo que ya hemos aludido, es decir, en la importación al aula cubana de las nuevas ideas que se discutían en el mundo civilizado, sino que también abarcó lo metodológico. Varela fue un defensor de la educación experimental y atacó el escolasticismo como sistema educacional basado esencialmente en características verbalistas y memoralistas.[15] Su deseo de mejorar la enseñanza cubana lo llevó a evaluar no sólo modificaciones de la de nivel superior sino también de la primaria.

En su discurso de ingreso en la Sociedad Patriótica de la Habana, pronunciado el 20 de febrero de 1817,[16] parte de la premisa de que la aspiración a la ilustración del entendimiento es un deber que impone al hombre la naturaleza y la sociedad. Para Varela, la educación tiene un propósito moralizante: «El hombre será menos vicioso cuando sea menos ignorante. Se hará más rectamente apasionado cuando se haga más exacto pensador».[17] Varela proclama en este discurso la necesidad de reformar la enseñanza primaria dejando a un lado el método de enseñar reglas generales aisladas que con razón consideraba pocas veces entendidas aunque reproducidas mecánicamente por la memoria y sustituirlo por una enseñanza totalmente analítica en que la memoria tuviera muy poca participación y el convencimiento lo hiciera todo. Hombre de realidades, sin embargo, hablaba de adecuaciones necesarias a la edad de los educandos pues no quería sobrecargar las mentes juveniles con un excesivo sobrepeso de prolijas meditaciones. Pero Varela estuvo consciente también de la necesidad de renovar la enseñanza superior y presentó una petición a la Dirección General de Estudios de España,[18] con ocasión de estar en Madrid en 1822, cumpliendo el mandato conferido por su pueblo de diputado a las cortes españolas, en cuya solicitud hizo un informe de los estudios superiores en La Habana y pidió la refundición del Seminario San Carlos y la Pontificia Universidad de esa ciudad. Ese texto demuestra bien a las claras lo que hemos venido afirmando sobre su interés de que se intensificara la enseñanza de las materias científicas, se cambiaran los métodos memoristas y, en general, se dotara de mayor rigurosidad y sistema a la educación superior. Aunque la gestión fracasó, fue representativa de las apetencias cubanas.

En su famosa *Memoria sobre la vagancia en Cuba y medios de estirparla*, José Antonio Saco denunció el analfabetismo como uno de nuestros grandes males. Siguiendo esa tradición que pretendía rectificar las deficiencias de nuestro sistema educativo, Saco criticó abiertamente el exceso de cátedras de Derecho Civil y Canónigo y los métodos del escolasticismo aludiendo a las «sutilezas y cuestiones ridículas, impropiamente bautizadas con el sagrado nombre de Teología».[19] Abogó por un sistema que cubriera todo el territorio de la isla, recomendando al mismo tiempo las medidas fiscales que procurarían las bases económicas para tan fundamental proyecto.

Igual actitud de crítica ante la enseñanza en la Isla exhibió José de la Luz y Caballero quien observó la falta de preparación e idoneidad de los profesores, las consecuencias que se derivaban de la ausencia de todo propósito de mejora, convirtiendo el magisterio en función rutinaria y el excesivo uso de la memoria. Por eso pudo decir Manuel Sanguily, uno de sus discípulos más destacados, que después de observar todas esas deficiencias del sistema educacional «su propósito más vivo, como era de esperarse, fue combatir un sistema que consistía precisamente en no tener ninguno».[20] La última etapa de la vida de la Luz, desde el año 1848 en que fundó el colegio El Salvador hasta el 1862, fecha de su muerte, estuvo dedicada por entero al magisterio y a la formación de una juventud que nutriría el movimiento separatista que llevó a cabo la guerra de los Diez Años. Maestro ejemplar, con su hondo mensaje ético, forjó toda una generación de cubanos dotados de cultura, conciencia moral y visión histórica, que les llevaría a reclamar los legítimos derechos de su pueblo. Fue uno de nuestros preclaros maestros. Una gran orientación práctica condicionó la actitud de Varona en relación a la reforma de la enseñanza cubana. Tuvo la oportunidad histórica de convertir en realidad todas las ideas que había expresado en sus trabajos sobre la educación. De esta manera, las apetencias de la ensayística cubana del siglo XIX van a condicionar la reforma educacional cubana del siglo XX, aunque, efectuada ésta por un positivista como Varona, estuvo excesivamente limitada por su posición filosófica. En efecto, utilizando una coyuntura histórica propicia, el hecho de que se le encargara la modificación de la educación secundaria y universitaria durante el gobierno interventor americano que precedió a la instauración de la república democrática cubana de 1902, Varona llevó a cabo cambios educacionales en los que se enfatizó el estudio de las ciencias experimentales. Creó nuevas escuelas universitarias[21] y reaccionó ante la necesidad de técnicos que iba a experimentar la república naciente. Varona pretendió orientar la educación cubana sobre bases extremadamente pragmáticas. Jorge Mañach, uno de nuestros grandes ensayistas de este siglo, llamó a esta reforma: terapéutica de urgencia[22] pero, pese a comprender los motivos históricos que lo inclinaron a ello, no se puede desconocer que Varona se excedió en su ataque a las Humanidades, lo que en él, genuino humanista, constituye una extraordinaria paradoja.

La segunda función que le hemos subrayado a la ensayística cubana durante el proceso formativo de nuestra nacionalidad es la analítica. Nuestros escritores dedicaron páginas memorables a evaluar las condiciones socio-económicas y políticas en que vivía la colonia y a tratar de encontra las razones que determinaban esa situación, apuntando con dedo acusador hacia la metrópoli como causante de nuestros males. Por ejemplo, José Antonio Saco, fue un verdadero sociólogo que metódicamente examinó muchos de los problemas a que se enfrentaba la sociedad colonial cubana. En su ya aludida *Memoria sobre la vagancia en Cuba* realizó un análisis de los vicios que caracterizaban esa sociedad. Saco denunció el abandono en que la corona española tenía a la colonia y mostró como la proliferación del juego estaba socavando a la familia, como el ordenamiento jurídico colonial no cumplía los altos fines de protección social que debían ser sus objetivos fundamentales, como la juventud carecía de nuevos horizontes profesionales que beneficiarían no sólo aquélla sino a Cuba, que tanto los necesitaba. Con visión penetrante y con la solidez de sus reflexiones, Saco atacó los falsos prejuicios de la época que consideraban el trabajar en las artes manuales como característica exclusiva de los hombres de la raza negra, creando un círculo de leyes, costumbres y creencias que encerraban a esa sociedad e impedían que el trabajo fecundo fuera el instrumento eficaz para superar nuestros problemas. Y he aquí, otra notable aportación de Saco en el examen de nuestras deficiencias coloniales: su crítica acerba y contundente al indigno régimen esclavista. Al problema de la esclavitud dedicó a través de su vida muchos estudios pero su contribución básica fue su famosa *Historia de la Esclavitud*.[23] Saco, con esa obra, representa la cúspide de la gran tradición antiesclavista que corre en la ensayística cubana. Obra de extraordinaria erudición y de ambiciosa amplitud, de prosa clara y concisa como era la suya es, sin duda, pese a la crítica que se le ha hecho en relación a que el exceso de erudición en ella dificulta un tanto la extracción de esencias, una de las creaciones fundamentales del espíritu humano sobre tan horrible violación de la dignidad del hombre.

La labor antiesclavista de la ensayística cubana se plasma históricamente cuando el pueblo cubano, al proclamar el 10 de octubre de 1868 su derecho a la independencia, declara al mismo tiempo el derecho de todo ser humano a ser libre. La abolición de la esclavitud hecha por Céspedes continua una hermosa y digna tradición hispanoamericana, la de Hidalgo en el norte en 1810, la de Bolívar en el sur en 1815.

En un trabajo «El bandolerismo reacción necesaria» publicado en plena colonia en La Habana, el 30 de junio de 1888 en la *Revista Cubana* de su dirección,[24] Enrique José Varona, tratando de encontrar las raíces socio-históricas de ese fenómeno social en Cuba, llega a efectuar una evaluación de la historia española y del proceso de colonización en América, en donde subraya en ellos el predominio de la violencia. Estudiando la guerra de reconquista en la península y las primeras sublevaciones de colonos en América, motivadas no por razones políticas sino por un deseo de mantener sus derechos de tiranizar a los indígenas en contra de las preceptivas reales, Varona considera que la guerra civil había caracterizado tanto la historia española como la de América hispana. El bandolerismo era pues un fenómeno que Cuba heredó de España. El estudio de los factores que favorecieron en Cuba el desarrollo de ese hecho antisocial apunta a la crisis ética de las costumbres públicas, la función desmoralizante de la esclavitud, el absolutismo político, la falta de tolerancia en todo campo ideológico, la proliferación del juego, la carencia de probidad en los funcionarios fiscales, la falta de una genuina política económica que se enfrentara a la pobreza del país. En fin, con valentía y hablando para la Historia, señalaba Varona que «el bandolerismo no retrocede ante la fuerza, sino ante la civilización y en Cuba lo que avanza es la barbarie».[25]

Igual función analítica ejerce Varona en su memorable discurso de la sociedad habanera La Caridad que lleva por título «Los cubanos en Cuba».[26] Allí Varona examinó la historia de su patria, sobre todo en el fundamental siglo XIX, denunció las arbitrariedades y defectos de una sociedad clasista, mantenida casi estáticamente con el empleo de la fuerza. Reconoció la importancia histórica de los hombres que reaccionaron ante esa presión social aplastante por medio del cultivo de la cultura y los tremendos efectos que la ejemplaridad de su conducta produjo en la historia cubana, es decir, la gloriosa guerra de 1868. Para Varona esa década bélica, que calificó de luctuosa y heroica, provocó un cambio profundo, un renacer de virtudes, un florecer de excelencias morales. El triunfo de la metrópoli dejó a la colonia sumida en un abismo moral. La corrupción invadió de nuevo a la isla y para su desgracia —afirmaba Varona— el pueblo cubano se fue acostumbrando a fuerza de apetecer el sosiego a conformarse con la inercia.[27]

El tercer aspecto que consideraremos es la función formativa. Como hemos dicho, nuestros grandes hombres de letras no fueron intelectuales encerrados en torres de marfil sino que pusieron su pluma al servicio de sus convicciones políticas. En Varela la patria y Dios constituyeron las constantes de su vida. Ya desde que explicara en su cátedra de San Carlos los principios jurídicos en que se inspiraba la liberal constitución de España de 1812, estaba hablando a los jóvenes de Cuba de los derechos del hombre y del ciudadano y de la obligatoriedad de todo estado de respetar la dignidad humana, lo que se hace evidente con la lectura cuidadosa de sus *Observaciones sobre la constitución política de la monarquía española*.[28] Su amor por su pueblo y la firmeza con que defendió los derechos de éste, cuando se le concedió su representación en las cortes españolas, lo llevó a sufrir la ira y la persecución de los tiranos del momento. Perseguido, se refugió en los Estados Unidos, en donde siguió sirviendo a Dios y publicando su mensaje de independencia para esa nación naciente que él estaba forjando con su ejemplo.[29]

En esta función formadora hay que incluir a Saco que, si bien no se afilió al ideal separatista de Varela pues consideraba que nuestro pueblo no estaba preparado para la independencia —coincidiendo en este sentido con la ilustración española que retrocedió ante la concesión de una genuina libertad política al pueblo español alegando que éste no tenía la preparación adecuada, que su función no debía ser activa—,[30] fue sin embargo un incansable abogado de la necesidad de perentorias reformas y advirtió a España que perdería su colonia más preciada si no las concedía. Luchó contra el anexionismo porque comprendió que destruiría nuestra identidad como nación, arrasando nuestras más firmes tradiciones. Cubano ejemplar que sufrió injusto destierro y murió lejos de su tierra amada, su vida y su obra constituyen una aportación fundamental a la formación de la conciencia nacional.

La relación de nuestros escritores que pusieron su talento y su pluma al servicio de su patria es amplísima. Aunque no nos podemos detener en todos debido a las limitaciones de espacio de este trabajo, citemos algunos otros ejemplos que pueden tomarse como representativos de esa fecunda y fervorosa labor ensayística: *Morales Lemus y la revolución cubana* de Enrique Piñeyro o *José de la Luz y Caballero* de Manuel Sanguily nos muestran el afán de recoger para la historia la grandeza de esos eximios forjadores y tienen como objeto hacer destacar la ejemplaridad de sus conductas como fuerza engendradora en las nuevas generaciones del deseo de continuar su labor redentora; *Cuba*, el muy fundamentado libro de Rafael María de Merchán, publicado en 1896 en tierras colombianas, expone, con la claridad que caracteriza la prosa del autor, la problemática cubana de la época y demuestra la legitimidad de la lucha revolucionaria.

Nuestro apóstol Martí publica, a los dieciocho y veinte años, dos ensayos memorables que tienen esa finalidad de denuncia implícita a toda esta ensayística. Me refiero a su desgarrador «El presidio político en Cuba»[31] y a su reflexiva y convincente «La república española ante la revolución cubana».[32] Aunque ambos ensayos están esencialmente dirigidos al pueblo y a los funcionarios españoles, no dejan de poner ante el lector de su tierra el doloroso destino de la afrentada Isla e hicieron evidente con el transcurso de los años la ceguedad que caracterizaba a las autoridades españolas y lo poco que el pueblo de Cuba podía esperar de las llamadas a una rectificación de su conducta reorientada por el imperio de la razón y el derecho.

En el primero de estos ensayos, Martí pone de manifiesto los horrores que la administración de la isla esclava cometía en el presidio político. Martí recuerda a los diputados españoles la heroicidad del pueblo cubano en la lucha que tenía emprendida por su libertad. En ésa, su prosa, que envuelve y arrastra al lector, habla el Apóstol de la quema de Bayamo, de la vida dura de la manigua e incita al pueblo español y a sus representantes a cumplir el mandato de la Justicia. Denuncia el maltrato a que eran sometidos los prisioneros políticos en las canteras de San Lázaro y los excesos de impiedad en que incurrían las autoridades carcelarias. Los nombres de Nicolás del Castillo, el anciano de 76 años, de Luis Figueredo, el niño de 12 años, de Juan de Dios Socarrás, el anciano idiota, adquieren en este alegato caracteres de símbolos. Hay ya en estas páginas tristes y encendidas toda la grandeza espiritual que animara su prosa. Este trabajo es otra joya de la ensayística cubana en el que se saca a la luz pública los males que agobiaban a la sufrida isla.

«La república española ante la revolución cubana» aunque más breve que el anterior está presentado desde una perspectiva más reflexiva. Claro que en Martí la profundidad del pensamiento siempre está presente, aunque a veces el arrebato lírico que envuelve su prosa nos confunda, nos deslumbre y nos haga perder por un momento la riqueza del contenido. Martí acoge con alegría refrenada el advenimiento de la república española. Con ése su extraordinario poder de síntesis, resume lo que debe esperarse de la dignidad de la república española ante los legítimos sentimientos de libertad que inundan la revolución cubana y lo que de negación a su propia esencia sería una conducta que traicionara esa dignidad. «Si la libertad de la tiranía es tremenda, la tiranía de la libertad repugna, estremece, espanta».[33]

Martí se enfrenta a los que proclaman que la pérdida de la Isla atentaría a la integridad territorial de España alegando que el pueblo cubano había hecho evidente con su sacrificio en la guerra que llevaba a cabo, su afán de libertad y que la república española, que negaba el derecho de conquista y el de opresión, no podía pretender mantener sojuzgada a la isla que había adquirido haciendo uso del primero de esos derechos y mantenido bajo su tutela ejerciendo el segundo. Precisando claramente qué es la patria dice «Patria es comunidad de intereses, unidad de tradiciones, unidad de fines, fusión dulcísima y consoladora de amores y esperanzas».[34] El Apóstol evalua con precisión la inexistencia de esa comunidad de intereses, tradiciones y fines entre Cuba y España y como la represión política violenta a la que la metrópoli sometió a Cuba por los deseos redentores de ésta había separado definitivamente a ambas. Martí termina su alegato reiterándole a la república española que no debe traicionar sus esencias y oponerse a la independencia cubana.

Cuba es pues el germen que da vida a toda la obra literaria de Martí. Es el centro de donde parten cual rayos que emanan en direcciones divergentes, los distintos géneros literarios que cultivó ya que en todas sus manifestaciones intelectuales el sentimiento de patria, que en Martí es sublimemente obsesionante, está siempre presente. Por tanto, un análisis de la ensayística martiana desde la perspectiva de la preocupación por Cuba sería prácticamente un intento de abarcarla en su totalidad, pues aun en sus ensayos sobre arte, o en sus escenas norteamericanas, por ejemplo, se descubre, a veces claramente, en otras ocasiones por medio de una tenue alusión, la constante de la patria.

Tuvo Martí una fe inquebrantable en las capacidades del pueblo cubano y fue a la guerra de emancipación, como lo señaló en el «Manifiesto de Montecristi»,[35] como la única alternativa que había dejado a su patria la intolerancia y ceguera de los gobernantes españoles. Añoró una república saturada de amor, declarando en nombre de la revolución cubana, en el famoso manifiesto, su limpieza de todo odio y su radical respeto al decoro del hombre. Estuvo bien consciente el Apóstol de las frustraciones y claudicaciones que habían sufrido las repúblicas hispanoamericanas y entendió que ese siglo XIX cubano de servidumbre y de grandeza heroica había servido a su pueblo para adquirir una mayor cultura, aun en los sectores más humildes, que resultaba superior a la que tenían las masas campesinas que, al llamado de los heroes, hicieron posible la emancipación de Hispanoamérica y que esa mayor madurez cultural ayudaría a la república cubana en las dificultades con que se enfrentaría en su futuro. Martí veía como sustituto de la sociedad colonial, tan cargada de los errores que la ensayística cubana había denunciado y que él resumía ahora en el manifiesto, a «un pueblo libre, en el trabajo abierto a todos»,[36] en el que la fraternidad uniría a cubanos y españoles. José Martí, el Apóstol de la libertad cubana, por su significación histórica y literaria, es la expresión más alta de esa preocupación por Cuba que todos nuestros grandes ensayistas del siglo XIX sintieron y expusieron con tanta energía y brillantez.

NOTAS

1. Pedro Henríquez Ureña. *Ensayos en busca de nuestra expresión,* Buenos Aires, Editorial Raigal, 1952, 25.
2. Mariano Picón Salas. *De la conquista a la independencia.* México, Fondo de Cultura Económica, 4ª edic., 1965, 59 y 60.
3. Véase Rosaura García Tudurí. «Influencia de Descartes en Varela». *Revista Cubana de Filosofía,* Vol. III, Enero- Abril, 1951, Número 2.
4. Ver Germán Arciniegas. *El Continente de siete colores,* Historia de la Cultura en America Latina, Buenos Aires, Editorial Sudamericana, 1970, 2ª edic., 292 y siguientes.

5. Entre la obra filosófica de Varela mencionaremos tan sólo las *Instituciones de Filosofía;* las *Lecciones de Filosofía Ecléctica;* la *Miscelanea Filosófica*; sus conocidísimos *Elencos* y sus *Apuntes Filosóficos.*

6. Esta posición de Varela ha provocado ataques sin fundamento acerca de la ortodoxia religiosa de su pensamiento. Afortunadamente para la verdad histórica, estudios sustanciales se han llevado a cabo aclarando la firmeza de su fe religiosa, como son los trabajos de Monseñor Martínez Dalmau y el Padre Gustavo Amigó. Quizás quien más ha precisado la verdadera naturaleza de la posición religiosa de Varela ha sido recientemente Monseñor Raul del Valle cuando lo ha calificado de genuino precursor del movimiento de renovación católica del siglo XX de tantos tintes ecuménicos. Véase su prólogo a Joseph and Helen McCadden. *Father Varela. Torch Bearer from Cuba.*

7. Medardo Vitier. *Las ideas y la filosofía en Cuba.* La Habana, Instituto del Libro, 1970, 211.

8. Juan J. Remos. *Historia de la literatura cubana,* Vol. II, 242.

9. Humberto Piñera Llera. *Panorama de la filosofía cubana*, Washington, Union Panamericana, 1960, 78.

10. Domingo del Monte nació en Maracaibo, Venezuela, pero su vida y su obra lo vinculan indisolublemente a Cuba.

11. Aunque nació en Baní, Santo Domingo, vivió gran parte de su vida en Cuba y se integró en la historia de la literatura cubana.

12. Nicolás Heredia. *El Pensamiento*, Matanzas, Año I, Tomo I, No. 1, 15 de agosto de 1879, 3-4 y No. 2, 31 de agosto de 1879, 19-22.

13. Enrique José Varona. *Conferencias Filosóficas.* Primera Serie Lógica, La Habana, M. Del Valle, 1880; *Conferencias sobre el fundamento de la moral,* Nueva York, D. Appleton & Co., 1903.

14. Enrique José Varona. *Estudios Literarios y Filosóficos,* La Habana, La Nueva Principal, 1883.

15. Para la actitud de Varela ante el escolasticismo consúltese Humberto Piñera Llera. *Panorama de la filosofía cubana*, 44 y sigs.

16. Este discurso aparece transcrito en las Memorias de la Sociedad Económica, num. 7 de 31 de julio de 1817. Fue reproducido además en *Revista de la Habana,* 1°. de diciembre de 1853; en José Ignacio Rodríguez, *Vida del Prebistero Don Felix Varela,* Nueva York, 1878, 52-65 y en *Cuadernos de Cultura,* Felix Varela Pbro. Educación y Patriotismo. Publicación de la Sec. de Educación. D. de Cultura, La Habana, 1953, 11-30.

17. Félix Varela Morales. *Cuadernos de Cultura.* Educación y Patriotismo, 15.

18. Sobre este aspecto debe consultarse el trabajo de Francisco González del Valle. «Varela y la reforma de la enseñanza universitaria en Cuba». *Revista Bimestre Cubana,* Vol. XLIX, 1942, marzo-abril, No. 2, 199-202.

19. Citado por Nicasio Silverio Sainz. *Tres Vidas Paralelas.* Miami, Edic. Universal, 1973, 132.

20. Manuel Sanguily. *José de la Luz y Caballero*. La Habana, Consejo Nacional de Cultura, 1962.
21. Me refiero a las de Pedagogía, de Ingeniería Civil y Eléctrica, Cirugia Dental y Derecho Público. También dejó establecidos los fundamentos en los que posteriormente se asentarían la creación de las escuelas de Medicina Veterinaria y Agronomía y reorganizó la de Filosofía y Letras y la de Ciencias.
22. Jorge Mañach. «El filosofar de Varona». *Homenaje a Enrique José Varona*, La Habana, Ministerio de Educación, 1961, 293.
23. Esta obra quedó inconclusa, pero de ella se publicaron seis volúmenes, cuatro en los últimos años de su vida y dos, después de su muerte, bajo la edición de Vidal Morales.
24. También aparece recogido en Enrique José Varona. *Textos Escogidos*. Edic. por Raimundo Lazo, México, Editorial Porrua, S.A., 1968, 37-48.
25. *Ibid.*, 48.
26. *Ibid.*, 5.
27. *Ibid.*, 19.
28. Félix Varela Morales. *Observaciones sobre la constitución política de la monarquia española seguida por otros trabajos politicos*. La Habana, Universidad de la Habana, 1944.
29. Monseñor Agustín Román ha señalado que el ideario político de Varela puede resumirse en tres frases: «Una Cuba absolutamente libre; libertad conquistada por los propios cubanos; dicha conquista libertadora debia fomentarse y desenvolverse dentro de la misma isla». Prólogo en Félix Varela Morales. *El Habanero*, papel político, científico y literario. Miami, Revista Ideal, 1974. Otra edición de El Habanero fue también publicada en La Habana, en 1945 por la Universidad de La Habana.
30. Para una análisis de la Ilustración en España, véase: José L. Aranguren. *Moral y Sociedad*. La moral social española en el siglo XIX, Madrid, Editorial cuadernos para el dialogo, A.A., 1970.
31. José Martí. *Obras completas*. La Habana, Editorial Nacional de Cuba, 1963, Tomo I, 43.
32. _____. *Ibid.*, Tomo I, 89.
33. _____. *Ibid.*
34. _____. *Ibid.*, 93.
35. _____. *Ibid.*, Vol. IV, 93-101.
36. _____. *Ibid.*, 96.

LOS PERROS JIBAROS DE JORGE VALLS: DOLOR DE CUBA HECHO ARTE

ARTÍCULO PUBLICADO EN LA REVISTA TRIBU, *VOL. I, NOS. 3 Y 4, VERANO Y OTOÑO DE 1983, UNION CITY, NEW JERSEY.*

Los perros jíbaros de Jorge Valls es un hondo y hermoso poema dramático cargado de elementos simbólicos, que se acerca al teatro poético lorquiano y que tiene determinadas reminiscencias clásicas. Dividido en nueve actos brevísimos, tiende sin embargo a producir una unidad de impacto emocional, buscando el objetivo del teatro de un solo acto, pues se trata de la agonía del espíritu humano, desgarrado por la fatla de libertad, en la Cuba contemporánea. Recuérdese que en definitiva el simbolismo implicó como renovación poética el énfasis del individualismo en literatura y de la libertad en el arte, pero evitemos caer en generalizaciones comprometedoras porque, si bien es verdad que en esta obra de Valls hay una indudable aproximación al idealismo literario, que lo acerca a lo simbólico, y un subido matiz poético, que lo aleja del realismo más agudizado, hay también una carga ideológica, que lo acerca más al tradicional concepto del arte por la idea que a la apreciación simbolista del arte por el arte. En resumen, Valls, poeta sufriente y agónico, viviendo una realidad demasiado lacerante, transforma y universaliza su agonía y lo hace, como veremos más adelante, inspirándose en el teatro clásico, pero utilizando numerosos elementos estilísticos del simbolismo. En efecto, los matices simbolistas de *Los perros jíbaros* se hacen presentes cuando el autor dota a su lenguaje de un poder mágico en que las alusiones se transforman; cuando se insinúa la presencia de la danza; cuando se sustituye el decorado por una atmósfera que va desapareciendo para entrar en la profundidad del alma y que llega a convertirse en silencio.

Jorge Valls, el poeta, es pues el intérprete del simbolismo universal, el ser capaz de reconocer que ese supuesto mundo real tiene sólo existencia perceptible para poner de manifiesto la idea.

Víctor, el personaje central del poema —que es, en su firme determinación de sacrificio, el propio poeta— tiene las características del héroe griego pues, a pesar de sus debilidades humanas, está dotado de una fuerza espiritual inalterable, que lo hace elevarse por encima de la realidad. Además, toda la obra parece cargada de la presencia de esa fuerza inexorable del destino, que es para los griegos una divinidad sombría e implacable. Aunque aquí en esta obra esa predestinación surge del avasallador régimen político que trata de destruir la individualidad humana y no tiene una dimensión trascendente. No obstante, su presencia alcanza a veces niveles obsesionantes. Por otra parte, en la decisión final de Víctor, en su victoria definitiva, en su deseo de desnudarse del miedo, hay una sublime manifestación de libre albedrío. Todo esto es cierto, pero hay que reconocer que Valls buscó cargar toda la obra de una atmósfera en que la certidumbre de la muerte del héroe nos identifica con su agonía. También acerca esta obra al teatro clásico, la idealidad que matiza todo el poema y la exaltación que hay en ella de los sentimientos más elevados del alma.

Otro elemento que relaciona la obra que estudiamos a la tragedia griega es cierta presencia del coro trágico. Es verdad que aquí no se trata de las cincuenta voces iniciales, ni tan siquiera las doce a las que lo redujo Esquilo, ni las quince que señaló Sófocles, sino solamente las voces de las dos viejas que protagonizan el primero y el último acto, pero, si no en sentido formal, es indudable que cumplen estos dos personajes muchas de las funciones que se le atribuyeron al coro en la tragedia griega. En primer lugar, constituyen un agente en el drama y advierten al público. Su primera intervención está llena de augurios: «Hay viento... Hace rato que hay borrasca... Huele a humo... Es el aliento de las candeladas... Me ahoga, no me deja respirar... No deja ver ni vivir».[1] Como el coro griego, las dos viejas hacen preguntas cargadas de significación: «¿Cuánto tiempo durará todo esto?» (9) y expresan opiniones que iluminan y esclarecen la obra: «Ya no hay luz en estas tierras. Hay miles de áspides negros que están devorando estrellas» (9).

Como el coro clásico, las dos viejas establecen el fondo ético y social de la acción y constituyen un espectador ideal que nos predispone a evaluar el mensaje de la obra en la forma que el poeta espera. Así nos presentan a Víctor: «Él es puro. Pero mira como se le prenden los pecados de cien abuelos, de los abuelos culpables que todos los hombres tienen» (9) y más adelante añaden: «Niño, corre y juega porque no has escogido tu tiempo ni la playa en que has caído. Sólo el caracol de tu sangre has hecho tuyo» (9), para agregar, destacando de nuevo la pureza espiritual del protagonista y el tributo de su sangre que ofrecerá al ser fiel a su dignidad de hombre: «Como un crisantemo de fuego te abrirás un segundo, como un crisantemo mojado con vivo rocío de rubíes. Esa será tu hermosura breve y tenaz como una aurora» (9).

En fin, las dos ancianas, como en el coro clásico, fijan el tono general de la obra, atmósfera de terror y persecuciones: «Son los perros jíbaros... El rey de los perros jíbaros está azuzando la jauría... Ha empezado el tiempo de las persecuciones» (9). A veces, como en el acto cuarto, las dos viejas cumplen la función rítmica que los dramaturgos griegos atribuían al coro, es decir, el demorar la acción para facilitar a la audiencia que pueda reflexionar sobre lo que está pasando y ha de venir. Así, ante la traición de la que Víctor fue víctima por el personaje mefistofélico Nego, e interrumpiendo la huída, ya sin esperanza, del héroe, las viejas advierten, demorando el desarrollo de la acción y destacando el hondo patetismo de esta tragedia del hombre contemporáneo, lo siguiente: «Cuidado con la rata rabiosa que huye contigo por las alcantarillas. No la provoques porque te clavará sus dientes» (16) y también «Cuidado con las fauces de los cocodrilos que están junto a las charcas donde abrevas tu sed porque pueden cerrarse implacablemente en tus tobillos» (16). Después, cuando Víctor cae en la trampa, los comentarios de las viejas sirven para crear una atmósfera de duda sobre el futuro del personaje en la prisión: «Estaba cansado. Ahora, tal vez, una tregua» (17), lo que cumple otra de las funciones del coro clásico, el de propiciar la efectividad dramática.

A Federico García Lorca se acerca Jorge Valls en el profundo matiz poético de su creación. Como el granadino, el cubano trata de que su teatro esté saturado de un tono poético y de que al mismo tiempo refleje las duras realidades a que se enfrenta el hombre contemporáneo. Víctor, como algunos de los personajes lorquianos, está ataviado de poesía pero deja ver al mismo tiempo sus llagas lacerantes. También hay identificación entre ambos autores en el tratamiento especial de la predestinación, porque Víctor aparece, es verdad, arrastrado de cierto fatalismo pero éste es producto, como en Lorca, del fondo social en el que está sumido. Víctor sufre las injusticias que emanan de la horrenda opresión de un regimen político que intenta aniquilar toda manifestación de libertad humana y que pretende penetrar hasta en la más recóndita interioridad del hombre para negarle sus apetencias espirituales más fundamentales, es decir, el ansia de libertad, de paz y de amor.

Los perros jíbaros es de estructura circular. El primer acto y el último se identifican. Son el mismo y a la vez, son diferentes. Los personajes de los dos actos son las dos viejas, cuya función ya se ha estudiado. En el primer acto, anuncian y prefiguran la obra. Auguran que el niño ha escogido el camino de la cruz redentora: «Sólo el caracol de tu sangre haz hecho tuyo» (9). En el acto final, la predicción se consuma, el niño hecho hombre ofrenda su vida como reafirmación de su naturaleza espiritual. Con cuatro adjetivos, cargados de honda significación, se le califica: *indefenso, desnudo, solitario* y *presente,* gradación creciente de desamparo que fijan los tres primeros y que se rompe con la extraordinaria fuerza espiritual del cuatro. Es un mensaje de redención esta presencia del héroe, que ya ha superado el miedo y al que la madre muerta le ha advertido que ya no pueden hacerle daño. Hay toda una intencionada alusión a la cruz redentora en toda la obra. Se puede agregar, volviendo al análisis de la estructura, que la acción termina donde empieza, es decir, comenzando de nuevo, pues las viejas finalizan la obra afirmando: «Vámonos, hermana. Ya basta por hoy. Mañana volveremos. Otro hombre será desguazado por los perros jíbaros sobre la playa» (26). El drama se desarrolla en los siete actos centrales. En el segundo se presenta la felicidad amenazada de Víctor: el amor de la madre y de su mujer con su hijo palpitando en el vientre, la casa que está construyendo, el campo que lo llama al trabajo hanrado, el ardor de una juventud que quiere convertir en realidad sus sueños, sucumben ante esa «maldición de los perros jíbaros que tienen que meterse en todo» (10). El joven sólo quería labrar la tierra, alzar su casa y criar sus hijos, pero su responsabilidad con la familia lo incita a hacer que escapen la madre, la esposa y el hijo que va a nacer, es decir, los seres que simbolizan toda su vida, el pasado, el presente y el futuro, y así, ya desnudo, ya despojado de todo, se enfrenta a su destino, que será de agonía y sufrimiento pero de definitiva redención espiritual como su nombre, Víctor ya anuncia.

En el tercer acto se presenta el caos, el miedo constante que hace presa en el hombre que vive en la tierra que ha sucumbido a la tiranía de los perros jíbaros: «No hay que pensar en eso, se vuelve uno loco. Moverse, moverse mucho con brío para que no se asiente el recuerdo» (12). Al principio Víctor sólo piensa en huir para unirse con los suyos. Comienza sus pruebas al rechazar la alternativa de adaptarse: «Hay que vivir entre los perros. Ladrar cuando ladran, correr cuando corren y esconderse cuando están furiosos. Así también se come de lo que ellos dejan» (14).

En el cuarto acto, Víctor, traicionado, cae en la trampa y en el siguiente descubrimos qeu en las prisiones de los perros jíbaros no hay ni tan siquiera tregua para aquellos infelices que han sido despojados de todo pues no se acepta que el preso mantenga su dignidad de hombre. Bestias voraces, los carceleros tratan de destruir su peor enemigo, la espiritualidad humana. Presenciamos el íntimo sufrimiento y la agonía alucinante del personaje. Surge, como muestra de su voluntad inquebrantable, el plan de fuga, como un mensaje de esperanza.

En el sexto acto se narra la huida del héroe ya convertida en un andar sin esperanzas terrenales y en el siguiente, la llegada de Víctor a casa de sus vecinas porque necesitaba «un vaso de agua y el amor de un momento» (23). Aquí ya se hace evidente el triunfo del espíritu humano: «Todo el mundo tiene miedo. Yo también he tenido miedo todo el tiempo. Estoy cansado de tener miedo» (22). Ya Víctor mira más a la vida trascendente que a las dolorosas realidades del mundo terrenal. Ante las advertencias de las vecinas para que se cuide e intente reunirse con su familia, afirma muy significativamente: «Otro lugar ha de haber para juntarse» (23) y así Víctor, preparado como Cristo por el aceite y la caridad que derrama sobre él una mujer, se enfrenta a la agonía, a su cruz y a su muerte que aquí también es victoria e implica resurrención de las más puras esencias del hombre.

De extraordinaria belleza poética es el octavo acto que presenta el instante de la muerte del héroe. Con indudable tono lorquiano, el canto de los niños anuncia campos de eterna primavera, el amor desgarrado de su mujer le comunica la pérdida del hijo y la madre muerta lo cita para el encuentro definitivo. El grito final «Víctor es mi nombre» (24), reiteramos, es uno de victoria y redención.

La obra tiene una verdadera dimensión universal pues constituye un poema de exaltación a la naturaleza espiritual del hombre, a la que le es tan consustancial el ejercicio de la libertad y el debido respeto a su dignidad, ante el reto de los regímenes políticos totalitarios que pretenden desconocerla. Aunque ha sido escrita en la prisión en que el poeta está confinado desde hace muchos años por el comunismo cubano, su denuncia trasciende las fronteras nacionales. Tiene esta obra una significación más honda por haber sido escrita en momentos históricos en los que en *Nuestra América* el marxismo internacional, ante la indiferencia y la vacilación del mundo democrático, parece avanzar impetuosamente, pues es lo cierto, que pese a que el siglo XX ha podido contemplar cuánto de falsedad entraña la promesa de bienestar para el pueblo con que pretende presentarse la llamada dictadura del proletariado, la ceguera, la torpeza, la ingenuidad o la ignorancia de muchos, unidas a la mala fe de algunos, ha determinado que no surja una clara conciencia entre las democracias occidentales, que les permita comprender hasta qué punto el expansionismo comunista amenaza la gran tradición de libertad y pleno respeto a la dignidad humana que ha engendrado el hombre a través de los siglos.

Los perros jíbaros, con independencia de su gran significación histórica y política, constituye además, por sus intrínsecos méritos literarios, un valioso aporte a la historia de la literatura cubana de este siglo. En una isla en que la libertad del creador literario no es reconocida, sino que es motivo de persecución, pues se impone que la voluntad artística debe plegarse al dogmatismo y a los fines políticos que caracterizan el régimen dictatorial que la gobierna, su verdadera literatura se está haciendo en las tristes playas del exilio y en la agónica clandestinidad de sus prisiones. Siguiendo el ejemplo de nuestro José Martí, ese gran cruzado de la libertad, en este poema trágico, Jorge Valls une a una extraordinaria belleza formal, un profundo mensaje de fe en la fuerza ética del hombre.

NOTA

1. Jorge Valls, «Los perros jíbaros», *Tribu*, Vol. I, núms. 1 y 2 (invierno y primavera de 1983), Union City, New Jersey. Todas las citas de esta obra se referirán a esta publicación y se expresarán mediante el número de la página correspondiente a continuación de la cita entre paréntesis.

ENRIQUE LABRADOR RUIZ: PRECURSOR MARGINADO DE LA NOVELÍSTICA HISPANOAMERICANA CONTEMPORÁNEA

CONFERENCIA LEÍDA LA NOCHE DEL 26 DE JUNIO DE 1984 EN EL AULA MAGNA DEL INSTITUTO DE FILOSOFÍA, CIENCIAS Y LETRAS, UNIVERSIDAD CATÓLICA DÁMASO A. LARRAÑAGA, MONTEVIDEO, URUGUAY, EN ACTO-HOMENAJE A ENRIQUE LABRADOR RUIZ, ORGANIZADO POR LOS DEPARTAMENTOS DE LETRAS Y DE INVESTIGACIÓN Y ESTUDIOS SUPERIORES DE LETRAS AMERICANAS DE DICHO INSTITUTO. FUE PUBLICADA EN EL VOLUMEN VIII, AÑO 1984, DE LA REVISTA ESTUDIOS DE CIENCIAS Y LETRAS DEL MENCIONADO ALTO CENTRO DOCENTE.

El escritor cubano Enrique Labrador Ruiz publicó en la década de los treinta del presente siglo tres novelas, que él mismo calificó de gaseiformes,[1] que constituyeron sin lugar a dudas una genuina renovación en la narrativa cubana y también en general, en la hispanoamericana, que en aquella época, como se sabe, estaba impregnada de realismo. En esas tres novelas, *El laberinto de sí mismo*[2] de 1933, *Cresival*[3] de 1936 y *Anteo*[4] de 1940, Labrador se aleja de los cánones imperantes en la novelística de nuestra América e incorpora en sus creaciones no sólo innovaciones estructurales y estilísticas, que luego caracterizarán las más recientes creaciones de la novela hispanoamericana contemporánea, sino también se acerca a un mundo temático que anuncia los grandes logros de la novelística actual.

Max Henríquez Ureña apunta,[5] muy panorámicamente y sin entrar en ninguna fundamentación, las influencias en la novelística de Labrador Ruiz de autores de la categoría de James Joyce, William Faulkner y Franz Kafka. Esta importante relación no se ha estudiado ampliamente como debiera haberse hecho. No obstante, ya en otra ocasión he indicado[6] la necesidad de estudiar el acercamiento de Labrador Ruiz a Faulkner en la temática, muy constante en ambos autores, de la evasión y la distorsión de la existencia a través de abstracciones y en el intento de poetización que los caracteriza. Con James Joyce, habrá que evaluar algún día con cuidado sus comunes audacias estilísticas, sus tendencias simbólicas, las cargas autobiográficas de sus obras, la utilización de medios psicológicos y el afán de experimentación en el nivel lingüístico. El empleo que hace Joyce de su erudición como fuente de inspiración tuvo en Labrador Ruiz, como en muchos de los más recientes novelistas hispanoamericanos, una destacada repercusión.

En relación a Franz Kafka, el estudio creo que deberá concentrarse en el acercamineto de Labrador a esa agonía, frustración y soledad del hombre actual que tan presente se hace en la obra de Kafka y que tiene innegablemente antecedentes en el pensamiento de Kierkegaard y el movimiento filosófico existencialista francés, sustrato ideológico que se hace evidente en la obra de los dos novelistas. Por otra parte, también considero que tienen de común la sensación de inestabilidad que emana del hecho de ser la ciencia del siglo XX menos pretenciosa que la del pasado, al curarse el hombre, por lo menos temporalmente dada nuestra arrogancia intrínseca, de los excesos de intransigencia a los que la filosofía fue llevada por el positivismo decimonono. Esa sensación de inestabilidad que en los libros de Labrador Ruiz está más diluída que en los de Kafka, pero cuya presencia no escapa al observador cuidadoso, es fuente de no pocas afinidades.

Sentadas estas premisas, también creemos que hay que reconocer que el desplazamiento de la novelística labradoriana hacia el tema citadino tenía antecedentes en novelas de nuestras tierras, pero lo importante, lo que en mi opinión le da a Labrador Ruiz el carácter de genuino precursor, es el hecho de que se reunan en su novelística numerosas innovaciones estilísticas, audacias estructurales y un mundo temático estrechamente ligado a lo que después vendría a ser lo que se ha llamado la novela neobarroca hispanoamericana.

Labrador Ruiz tuvo que pagar el precio reservado a todos los innovadores: la ceguera de buena parte de la crítica le impidió ver en aquella oportunidad la gran trascendencia de su aportación literaria y así el autor en los prólogos de sus libros[7] y a través de su labor periodística, pues ha sido un periodista en activo durante su larga y fecunda vida, se lanzó como andante caballero a la defensa de su obra, lo que ha permitido a los que, como nosotros, observamos el fenómeno a casi medio siglo de distancia, comprender lo consciente que estaba Labrador Ruiz de lo que hacía y del rompimiento que representaba su narrativa con lo que se escribía en América. Debe reconocerse que tuvo sin embargo, la adhesión de la crítica más penetrante, tanto en su patria como en el resto del continente. Bastaría mencionar a exégetas de la categoría de Jorge Mañach o Raimundo Lazo en Cuba, y en América Hispana al venezolano Mariano Picón Salas, al dominicano Max Henríquez Ureña, al colombiano Germán Arciniegas o al chileno Alberto Baeza Flores, para citar sólo aquéllos que con más asiduidad y más vehemencia destacaron desde el principio sus méritos literarios.

Después de sus novelas gaseiformes Labrador sólo publicó otra novela más, *La sangre hambrienta,*[8] de 1950, que le valió el premio nacional de literatura de su país. A sus novelas añadió tres colecciones de cuentos, en donde también se le considera un verdadero maestro: *Carne de quimera*[9] de 1947, *Trailer de sueños*[10] de 1949 y *El gallo en el espejo*[11] de 1953, colección que incluye el cuento «El conejito Ulán» que mereció el Premio «Alfonso Hernández Catá» de ese año y el cual aparece en innumerables antologías del género en Hispanoamérica. Además ha publicado tres libros de ensayos: *Manera de vivir*[12] de

1941, *Papel de fumar*[13] de 1945 y *El pan de los muertos*[14] de 1958 y de la época de las gaseiformes, un poemario, *Grinpolario*,[15] de cuya existencia Don Enrique no quiere acordarse, criterio negativo que sin embargo no comparte una crítica muy respetable. Sus artículos y cuentos han aparecido en los más importantes periódicos del continente. En resumen, que pese a que su labor innovadora encontró en algunos silencio y frialdad y hasta rechazo, su fecunda labor literaria se impuso y atrajo, como se ha dicho, el reconocimiento de una exegética del continente muy acreditada. No obstante, su carácter de precursor de la narrativa hispanoamericana contemporánea, aunque percibida por algunos,[16] no alcanzó la aceptación general que merecía y en ese sentido podemos hablar de que ha sido un tanto marginado. Claro que a esto también ha contribuido, como veremos después, los acontecimientos políticos que sacudieron su patria y que todavía tienen repercusión continental.

Pero detengámonos ahora para indicar, aunque sea sumariamente, algunos aspectos de esas técnicas y de la temática de sus obras que avalan su condición de renovador y precursor. En efecto, hay en las novelas gaseiformes una acumulación de métodos distorsionadores de la realidad. Se abandona la narración lineal y se siguen distintas aproximaciones que tienen como función el rompimiento del tiempo. Se llega a emplear una técnica cinematográfica, en la que abundan el flashback y los desplazamientos temporales, técnica muy usada por ejemplo en la novelística hispanoamericana contemporánea, como en *Zona sagrada* de Carlos Fuentes. En general, el uso del tiempo que Labrador Ruiz emplea tan hábilmente, nos hace pensar en los logros que más tarde obtiene Fuentes en *La muerte de Artemio Cruz* y en *La región más transparente*.

En ocasiones se usan narraciones interpoladas, que sirven para dar una sensación de ambigüedad en el desarrollo narrativo. Debe destacarse que uno de los métodos de Labrador Ruiz para el logro de esa ambigüedad que fragmenta la realidad en sus narraciones es el empleo feliz de la polivalencia significacional de sus personajes. Se nos presenta una pluralidad de perspectivas y eso engendra una posibilidad de alternativas que encontramos en ese otro gran renovador de la narrativa hispanoamericana que es Juan Carlos Onetti. También se acerca al gran novelista uruguayo en cierto marcado subjetivismo.

Emplea Labrador Ruiz además, la técnica de la corriente de conciencia y el monólogo interior. En algunas de sus novelas, como en *Anteo,* la estructura es circular, es decir, comienza donde termina; en otras, como en *La sangre hambrienta,* es abierta y el autor incita la participación del lector. Como después Cortázar, Labrador Ruiz cultiva constantemente la paradoja y su mundo, como el del autor de *Los premios* y *Rayuela*, es laberíntico y así lo anuncia el título de su primera novela. Sus narradores incluyen lo que la exegética, siempre clasificadora, ha calificado tanto de dramatizados como no dramatizados y dentro de los primeros hay los agentes interventores y los meros observadores. Existe por ejemplo, en el personaje principal de *Laberinto* esa subyacente preocupación metafísica que se hace patente en la novelas de Roberto Arlt y al mismo tiempo destila por medio de un juego lingüístico constante, un tono satírico que aunque moderado, no ha dejado sin embargo de engendrar una poderosa corriente de tonos paródicos que ha dado en la narrativa cubana posteriores logros de la categoría de *Paradiso* de Lezama Lima, *Tres tristes tigres* de Guillermo Cabrera Infante y que llega a nuestros días con esa novela tan profundamente irónica, a la vez que medularmente trágica, que es *Otra vez el mar* de Reinaldo Arenas.

El énfasis que en las novelas de Labrador Ruiz se da al lenguaje nos permite relacionarlo con otro novelista cubano, Alejo Carpentier. A Labrador como a Carpentier le interesa más el contexto que el personaje. En ambos, la acción es menos relevante que las corrientes y tendencias. Hay también, pese a sus notables diferencias, que no es del caso destacar aquí, una subyacente carga erudita que permite establecer entre ambos determinados paralelismos. Carga erudita, por otra parte, muy presente en muchos de nuestros novelistas actuales más representativos como es el caso de Mario Vargas Llosa.

Labrador abandona el enfrentamiento de la civilización y la barbarie, la lucha contra la naturaleza, el estudio de las implicaciones de la irrupción civilizadora en los confines del vasto continente y los temas sociales que atraían a los novelistas de la época para replegarse en su interior y en consecuencia, logra entroncar sus narraciones con las preocupaciones del hombre contemporáneo, trascendiendo el regionalismo vigente de la época hacia una temática universal. Los temas de las gaseiformes y de su novela posterior, se ha señalado con razón,[17] incluyen el de la angustia existencial, el problema de la dualidad del hombre, el planteamiento de la presencia del bien y del mal, el problema de la vida y la muerte, la fuerza del amor en toda su amplitud, la gran cuestión de la existencia de Dios y el de la creación artística. Hay en todos los personajes de Labrador Ruiz una búsqueda desesperada de identidad y eso, como he señalado en otra oportunidad,[18] también lo relaciona con Onetti.

La problemática de la realidad y la interrelación entre ésta y la fantasía que en la novelística hispanoamericana contemporánea tiene tanta importancia, —baste recordar *Pedro Páramo* de Juan Rulfo,

Paradiso de José Lezama Lima o *Cien años de soledad* de Gabriel García Márquez— está presente primero en la triagonía de Labrador Ruiz y después en *La sangre hambrienta*. Los personajes centrales de las gaseiformes, Cresival, Anteo y el de *Laberinto,* tienen de común su incapacidad de identificar la realidad pues los tres se sumen en un mundo imaginativo con perfiles casi oníricos. Ese mundo interior tiene para ellos más vigencia que el otro. Cresival por ejemplo, no puede enfrentarse a las frustraciones que tanto en el pleno amoroso como en el intelectual le reserva la realidad y su reacción es una huída hacia una interioridad proteica y sugerente que arrastra al lector a sus profundidades. En las respectivas novelas, se califica de soñador a Anteo y de ridículo, poeta e idiota al personaje principal de *Laberinto*. Aunque esta ambigüedad de la realidad labradoriana puede tener mucho que ver con su gran admiración por Cervantes y las vastísimas implicaciones del perspectivismo cervantino, es lo cierto que sea cual fuere la raíz de la presencia de la imprecisión de la realidad en el mundo novelístico de Labrador Ruiz, su constancia caracteriza fundamentalmente a éste y lo relaciona con posteriores logros de la narrativa de nuestra América.

También en *La sangre hambrienta* se plantea la misma problemática. Constituída esta novela por tres relatos que aparentemente no están conectados entre sí pero que subyacentemente se relacionan, sus tres personajes principales se vuelven a debatir entre la inhospitalidad ambiental y el mundo íntimo que ellos recrean. Oscilación entre realidad y fantasía, locura y razón, caracterizan a la solterona Estefanía, al caritativo y a la vez cobarde y vacilante Escipión Hipólito Vergara y a la contradictoria viuda de Vigón.

En las novelas de Labrador los personajes se enmascaran, así en *Laberinto* se expresa: «Yo no soy más que una máscara. Máscara fría y llena de grietas en mi cara que se vuelve del color de las cosas que siente arder en su torno y mi sonrisa de enfermo la mejor grieta de esa máscara»,[19] lo que hay que relacionar con la falta de autenticidad de sus agónicos personajes.

En síntesis, contienen las novelas de Labrador Ruiz un anticipo genial de todo lo que ha dado relieve universal a nuestra narrativa actual y si su obra, pese a su calidad, no ha tenido la repercusión que merece, se debe a factores históricos que se conjugaron en su contra y que afortunadamente están siendo superados por el transcurso del tiempo, ese gran aquietador de pasiones.

En efecto, Enrique Labrador Ruiz ha sido siempre un literato honesto, que ha sabido vivir en nuestras tierras de América la dura vida del dedicado por entero a las letras, ni antes ni después de la revolución castrista, medró con el apoyo del gobierno de ocasión. Ha mantenido siempre una fe inquebrantable en la esencia espiritual del hombre y es un convencido de que la libertad de pensar y de crear es consustancial a la dignidad humana. Bien pronto su autenticidad vital, por la que sus personajes tan angustiosamente se habían debatido, estuvo en conflicto con los intereses de un régimen político que negaba los mismos valores democráticos que había proclamado para llegar al poder. Aislado, desconocido intencionalmente, olvidado por mandato oficial, protegido solamente por el prestigio literario que rebasaba las fronteras nacionales, pudo rechazar sin ir a la cárcel las invitaciones oficiosas de un gobierno que al mismo tiempo que en lo interior negaba toda libertad artística y exigía de los escritores una servil subordinación a sus intereses políticos, como el caso Padilla puso internacionalmente de manifiesto, en el exterior trataba de exhibirse como defensor de los intereses populares e intentaba ganarse el apoyo de la intelectualidad mundial.

Labrador Ruiz vivió dieciseis años en un ostracismo voluntario pese a que una mera aceptación de los ofrecimientos que se le hicieron hubiera conllevado además de cargos y honores oficiales, la exaltación incondicional de los críticos conectados con el marxismo en el mundo entero, lo que ha llevado a figuras cubanas de menos relieve literario que Labrador Ruiz a disfrutar hoy en día de amplia repercusión en determinadas esferas internacionales. Por otra parte, su larga permanencia en Cuba, cuyo gobierno no permitía su salida pese a sus casi anuales solicitudes de viaje, lo mantuvo aislado por mucho tiempo, hasta que en 1976 casi milagrosamente pudo emigrar a España.

Después de su salida de Cuba, Labrador Ruiz ha recibido numerosos homenajes de caracter internacional, celebrados en Madrid, Caracas, Nueva York y Miami, a los que se une hoy, este efectuado en esta culta tierra uruguaya, que tiene como inspirador a otro soñador, a otro enamorado de la cultura y la libertad de pensar, el Director del Departamento de Investigación y Estudios Superiores de Letras Americanas, de este Instituto, el profesor Walter Rela.

En este período de tiempo ha surgido un extraordinario y renovado interés por la obra de Don Enrique. Muy prestigiosas revistas literarias vienen publicando una abundante y muy seria labor exegética sbre su obra. En Madrid ha visto la luz un libro titulado *La narrativa de Enrique Labrador Ruiz*[20] que constituye un aporte fundamental a los estudios labradorianos. Aquí en Montevideo se ha publicado hace tres años un *Homenaje a Enrique Labrador Ruiz*[21] que contiene ensayos sobre su obra por profesores y críticos que han mostrado una constante preocupación por su labor. También el año pasado, en Nueva York, se conmemoró el cincuentenario de la publicación de su primera novela, con una reedición facsimile de *El laberinto de sí mismo,*[22] al mismo tiempo que en la altiplanicie mexicana salía a la luz una nueva edición de su libro de cuentos *Carne de quimera.*[23] En estos momentos está imprimiéndose en la capital española un volumen que contiene toda la novelística de Labrador Ruiz y un libro en que se reunen trabajos críticos de su obra.

También la ensayística labradoriana ha merecido esos afanes de reedición y así la Universidad de la República de El Salvador en Centro América prepara actualmente una nueva edición de su libro *El pan de los muertos.* Por otra parte diferentes revistas profesionales y literarias de Princeton, New Jersey,[24] New York,[25] Miami, Florida[26] y Centro América[27] han dedicado todo o parte de algunos de sus números más recientes a exaltar la importancia literaria de Don Enrique. Pese a sus años, Labrador Ruiz nació en 1902, viene desde los fines de la década pasada recorriendo todos los años muy importantes Universidades de los Estados Unidos,[28] invitado a dar conferencias y logrando ganar la admiración de miles de estudiantes por su extraordinario talento, su erudición, su dinamismo y por esa su gracia sutil, su ironía luminosa, su modestia y sencillez que tanto le caracteriza. Fue Presidente de 1982 a 1983 del Círculo de Cultura Panamericano de los Estados Unidos y ha colaborado asiduamente en su publicación anual, *Círculo, Revista de Cultura*[29] y en 1981, en acto solemne celebrado en la ciudad de New York, ingresó en la Academia Norteamericana de la Lengua Española. De la Academia Cubana, Don Enrique es miembro desde hace muchos años.

En resumen Enrique Labrador Ruiz está recibiendo el reconocimiento de la intelectualidad hispanoamericana, que en estos dolorosos momentos de América, ve en este juvenil octogenario transido de amor por la libertad, un símbolo de toda la hermosa tradición democrática que ha caracterizado el pensamiento de «Nuestra América». En defensa de esa tradición, en viril denuncia de la falta de libertad y del desprecio a la plena dignidad del hombre que caracteriza el vigente regimen político de su patria, en anatema contra todo sistema totalitario de América, sea cual fuere su ubicación ideológica, se alza constantemente la voz de Labrador Ruiz. Incansable laborioso une a esta labor patriótica, una incesante tarea literaria que se hace patente en los valiosísimos trabajos que publica en periódicos y revistas profesionales y en las páginas que acumula para sus memorias literarias en las que trabaja vehementemente y a las que con su agudeza característica, se propone titular *Papelorios,* acaso, como dice brillándole los ojos, porque serán en el fondo una mezcla de papel y velorio.

NOTAS

1. Así señala Enrique Labrador Ruiz en el prólogo de *Cresival:* «...Pues bien se trata de la novela gaseiforme, de la novela que se halla en estado de gas, de un gas de novela o como la sutileza espiritual de los mejores quiera llamarla. *Laberinto,* novela gaseiforme, esqueleto de novela, elíptica del asunto». Enrique Labrador Ruiz, *Cresival*, La Habana, 1936, nota del autor s/n.
2. Enrique Labrador Ruiz, *El laberinto de si mismo,* La Habana, Carasa y Cía., 1933.
3. _____, *op. cit.*
4. _____, *Anteo*, La Habana, Carasa y Cía, 1940.
5. Max Henríquez Ureña, *Panorama histórico de la literatura cubana.* 1492-1952, Vol. 2, Puerto Rico, Ediciones Mirador, 408.
6. Me refiero a mi prólogo a la edición facsimile de *El laberinto de si mismo* publicada en New York por Senda Nueva de Ediciones, Inc. en 1983, XIII-XIV.
7. Aludo a los prólogos de *Cresival* y *Anteo.*
8. Enrique Labrador Ruiz, *La sangre hambrienta,* La Habana, Talleres Ayón, 1950. De esta novela se publicó una segunda edición en México, Ediciones Nuevo Mundo, 1959.
9. _____, *Carne de quimera* (novelines neblinosos) La Habana, 1947.
10. _____, *Trailer de sueños,* La Habana, Colección Alameda, 1949.
11. _____, *El gallo en el espejo,* México, Editorial Novaro, 1958.
12. _____, *Manera de vivir,* (pequeño expediente literario), La Habana, Talleres de la Mercantil, 1941.
13. _____, *Papel de fumar* (cenizas de conversación), La Habana, Editorial Lex, 1945,
14. _____, *El pan de los muertos,* Universidad Central de Las Villas, Cuba. Departamento de Relaciones Culturales, 1958.
15. _____, *Grimpolario* (saldo lírico), La Habana, Carasa y Cía, 1937.
16. Raimundo Lazo ha sostenido que «la mayor y esencialmente la única revolución estilística en la novela, sobre todo en su estructura y ensus modos de expresión, lo realiza Enrique Labrador Ruiz» y agrega: «con Labrador Ruiz finaliza la novela a lo siglo XIX, con sus formas geométricas, plan definible, distribución estratégica de personajes que actúan bajo las órdenes del novelista. La narración deja de ser el despliegue previsible de un planteamiento previo para convertirse en un espontáneo reflejo de la vida en su aparente anarquía, constituídas por vidas cuyas órbitas se cruzan y se separan constantemente». Raimundo Lazo, *La literatura cubana,* México, Universidad Nacional Autónoma de México, 1965, 203.

17. Isabel García Llorente, *La obra narrativa de Enrique Labrador Ruiz* (la novelística), Memoria de Licenciatura, Madrid, 1978, 54-64.
18. Véase mi prólogo aludido a la edición facsimile de *El laberinto de si mismo,* IX.
19. Enrique Labrador Ruiz, *El laberinto de si mismo,* 81.
20. Rita Molinero, *La narrativa de Enrique Labrador Ruiz,* Madrid, Playor, S.A., 1977.
21. Reinaldo Sánchez, Editor, *Homenaje a Enrique Labrador Ruiz,* (textos críticos sobre su obra), Montevideo, Editorial Ciencia, 1981.
22. Enrique Labrador Ruiz, *El laberinto de si mismo,* New York, Senda Nueva de Ediciones, Inc., 1983.
23. _____, *Carne de quimera,* México, Editorial Sibi, 1983.
24. *Linden Lane Magazine,* Princeton, New Jersey, Vol. I, No. 2, abril-junio, 1982.
25. *Noticias de Arte*, New York, N.Y., diciembre de 1980, Año 6, No. 12.
26. *Mariel,* Miami, Florida, Año 1, No. 3, otoño, 1983.
27. *Cultura,* Revista del Ministerio de Educación de El Salvador, No. 71, enero-diciembre, 1981.
28. Baste mencionar City University of New York y New York University, N.Y.; Yale University, Connecticut; William Paterson College, Drew University y Bergen Community College en New Jersey; University of Miami y Florida Internacional University en la Florida, etc.
29. *Círculo, Revista de Cultura,* New Jersey, Vol. X, 1981, Vol. XII, 1983 y Vol. XIII, 1984.

ÍNDICE ONOMÁSTICO

(Comprende todos los citados en el texto y en las notas bibliográficas)

A

Abelot, Alfredo: 172.
Acosta, Cecilio: 54.
Agramonte, Ignacio: 51.
Agustini, Delmira: 115.
Aicard, Juan Francisco Victor: 30.
Alberdi, Juan Bautista: 169.
Alegría, Fernando: 13, 14, 22, 88.
Alemán, Mateo: 98.
Alonso, María Rosa: 115, 116.
Álvarez, Nicolás Emilio: 166.
Amigó, Gustavo: 196.
Anderson Imbert, Enrique: 14, 15, 22.
Aparicio Laurencio, Augusto: 121, 127.
Ara, Guillermo: 14, 19, 22, 23, 84, 88.
Arango y Parreño, Francisco: 185.
Aranguren, José L.: 197.
Arciniegas, Germán: 131, 134, 137, 186, 195, 210.
Arenas, Reinaldo: 121, 212.
Armas, José de: 71, 131, 134.
Ayala, Francisco: 99, 103.

B

Baeza Flores, Alberto, 100, 103, 166, 210.
Balbuena, Bernardo de: 95, 151.
Barrera, Gabino: 141, 142.
Baudelaire, Charles: 31.
Bedriñana, Francisco G.: 180.
Bello, Andrés: 56, 151, 152, 175.

Berrondo, María L.: 178.
Bobadilla, Emilio: 15.
Bolívar, Simón: 56, 191.
Borges, Jorge Luis: 95, 134.
Borrero Echevarría, Esteban: 71, 131, 137, 187.
Bourgade: 175.
Bourget, Paul: 19
Boza Masvidal, Aurelio: 110, 115.
Brau Salvador: 83.
Brunétiere, Fernando: 71, 74.
Bruno, Giordano: 135.
Bueno, Salvador: 75, 78, 108, 115.
Buonarrotti, Miguel Angel: 135.
Byron, George Gordon, Lord: 36, 133.

C

Caballero, José Agustín: 35, 54, 185, 186.
Cabrera Infante, Guillermo: 62, 64, 68, 212.
Calderón de la Barca, Pedro: 96, 98.
Carbonell, Miguel Ángel: 38, 47, 179.
Carbonell, Néstor: 180.
Carilla, Emilio: 93, 102.
Carlos III: 172.
Caro, Miguel A.: 134.
Carpentier, Alejo: 212.
Carrión, Miguel de: 15.
Casal, Julián del: (28-32), 132.
Casas, Luis de las: 185.
Caso, Antonio: 153.
Castellanos, Francisco José: 150, 154.
Castellanos, Jesús: 15.
Castelvetro, Ludovico: 135.
Castillo, Inés del: 51.
Castillo, Nicolás del: 194.
Castro, Américo: 135, 138.
Catalá, Ramón A.: 19, 23.
Cervantes y Saavedra, Miguel de: 97, (133-138), 213.
Céspedes, Carlos Manuel de: 51, 75, 191.
Chacón y Calvo, José María: 115, 134, 136, 138, 150, 154.
Cid Pérez, José: 154.
Comte, Augusto: 13, 39, 85, 137, 142.

Corazzini, Sergio: 111.
Cortázar, Julio: 95, 211.
Cortina, José Antonio: 39.
Cousin, Victor: 187.
Coya, José Luis: 119.
Cozzano, Guido: 111.
Cruz, Manuel de la: 71, 72, 74, 77, 131, 187.
Cruz, San Juan de la: 123.
Cruz, Sor Juana Inés de la: 53, 57, 95, 123, 151.
Cuervo, Rufino José: 134.
Cúneo, Dardo: 177.
Curtis, Eleroy: 173.

D

Darío, Rubén: 107, 134, 151.
Darwin, Carlos Roberto: 13.
Decoud, José S.: 175.
Degetan, Federico: 83.
Descartes, René: 124, 137, 185, 186, 195.
Díaz, Porfirio: 142.
Diego, Gerardo de: 115.

E

Emerson, Ralph Waldo: 133.
Espada, Juan José Díaz de: 185.
Espinosa, Ciro: 18, 23.
Esquilo: 202.
Esténger, Rafael: 52, 178, 180.
Estrada Palma, Tomás: 42.
Estrázulas, Enrique María: 174.
Eulate Sanjurjo, Carmela: 84, 88.

F

Faulkner, William: 209.
Fernando VII: 184.
Fernández de la Vega, Oscar: 115.
Ficino, Marsilio: 135.
Figueroa, Esperanza: 32.
Figueredo, Luis: 194.

Florit, Eugenio: 14, 15, 22, 114, 115.
France, Anatole: 72.
Freud, Sigmund: 63.
Fuentes, Carlos: 100, 103, 211.

G

García Gody, Federico: 17, 23.
García Lorca, Federico: 203.
García Llorente, Isabel: 217.
García Márquez, Gabriel: 213.
García Menocal, Mario: 45.
García Tudurí, Mercedes: 10, (117-127).
García Tudurí, Rosaura: 120, 195.
Goethe, Johann Wolfgang: 133, 161.
Gómez, Máximo: 51.
Gómez de Avellaneda, Gertrudis: 132.
Góngora, Luis de: 95.
González, Yara: 121, 123, 127.
González Arrili, Bernardo: 177, 179.
González García, Matías: 83.
González Peña, Carlos: 141, 146.
González Prada, Manuel: 37.
Gómez Restrepo, Antonio: 134.
González del Valle, Francisco: 196.
González del Valle, José Zacarías: 187.
González del Valle, Manuel: 187.
Goya y Lucientes, Francisco de: 176.
Gutiérrez Vega, Zenaida: 138, 150, 154.
Guzmán, Julia María: 84, 86, 88.
Groussac, Pablo: 176.

H

Haine, Enrique: 133.
Hatzfeld, Helmut: 94, 103.
Hebreo, León: 162.
Hegel, Jorge Guillermo Federico: 161, 186.
Henríquez Carvajal, Federico: 154.
Henríquez Carvajal, Francisco: 154.
Henríquez Ureña, Camila: 154.

Henríquez Ureña, Max: 15, 22, 61, 68, 107, 115, 121, 126, 154, 177, 209, 210, 216.
Henríquez Ureña, Pedro: 37, 95, 141, (147-154), 161, 165, 169, 177, 183, 195.
Heredia, José María: 125, 132, 184.
Heredia, Nicolás: 71, 75, 131, 187, 196.
Hernández Miyares, Julio: 32, 61, 68.
Herodes: 21.
Hidalgo y Castilla, Miguel: 191.
Homero: 170.
Hopkins, Edward: 173, 174.
Hostos, Eugenio María de: 151, 175.
Hugo, Víctor: 37, 133, 176.

I

Ichaso, Francisco: 179.
Ibarborou, Juana de: 114, 115.
Izaguirre, José María: 53.

J

Jesucristo: 21, 119, 122, 205.
Johnson, Harvey L.: 154.
Jiménez, José Olivio: 114, 115.
Jiménez, Juan Ramón: 115.
Jiménez, Luis A.: 31, 32.
Joyce, James: 209.

K

Kafka, Frank: 62, 209, 210.
Kant, Emmanuel: 124, 161, 186.
Kierkegaard, Soren: 209.

L

Labrador Ruiz, Enrique: 9, (91-103), (207-217).
Lara, Juan Jacobo de: 149, 154.
Lara, Justo de: (Ver José de Armas).
Lastarria, José Victorino: 171.
Lazo, Raimundo: 197, 210, 216.
Lemaitre, Jules: 75, 76.

Leopardi, Giacomo: 133.
Lezama Lima, José: 95, 103, 212, 213.
Lida, Raimundo: 177.
Lieb, Michael: 177.
Linares Pérez, Marta: 115.
Littré, Emilio: 39.
Lizaso, Félix: 35, 37, 46, 47, 53, 150, 154, 177, 180.
Locke, John: 186.
Loveira, Carlos: (11-23), 87, 89.
Loynaz, Dulce María: (105-116), 123.
Lugones, Leopoldo: 134.
Luz y Caballero, José de la: 35, 42, 43, 51, 52, 55, 133, 186, 187, 188, 189, 193, 197.

M

Maceo, Antonio: 51.
McCadden, Joseph, 196.
McCadden, Helen: 196.
Machado Bonet, Ofelia: 178, 179, 180.
Machado, Gerardo: 45.
Madariaga, Salvador de: 56, 162.
Manrique, Jorge: 122.
Manrique Cabrera, Francisco: 88.
Mañach, Jorge: 9, 43, 47. 53, 56, 57, 101, 103, 125, 134, (155-166), 175, 179, 190, 197, 210.
Marcial, Carlos: 17.
Mariátegui, Carlos: 37.
Márquez Sterling, Carlos: 39, 47.
Martí de Cid, Dolores: 154.
Martí, Jorge Luis: 166.
Martí, José: 9, 10, 14, 33, 35, 40, 42, 46, 47, (49-58), 71, 122, 126, 132, 133, 137, 145, 146, 149, 150, 151, 154, 157, 162, 164, 165, (167-180), 188, 193, 194, 195, 197.
Martínez Dalmau, Eduardo: 196.
Martínez Escobar, Teófilo: 187.
Martínez Estrada, Ezequiel: 178.
Meléndez, Concha: 157.
Mendive, Rafael María de: 52.
Mendoza, Antonio de: 36, 137.
Menéndez y Pidal, Ramón: 136, 138.
Menton, Seymour: 63, 68.

Merchán, Rafael María: 71, 131, 187, 193.
Michelet, Julio: 133.
Miguel Ángel: (Ver Miguel Angel Buonarrotti).
Milanés, José Jacinto: 137.
Milton, John: 133.
Mistral, Gabriela: 57, 114, 115.
Moliere, Juan Bautista Poquelin: 36, 137.
Molinero, Rita: 96, 101, 103, 217.
Montalvo, Juan: 132, 134, 151.
Monte, Domingo del: 187, 196.
Montes Huidobro, Matías: 10, (59-68), 121, 123, 127.
Montori, Arturo: 16, 23.
Morales Lemus, José: 54, 193.
Moreas, Juan: 30.
Moretti, Mariano: 111.
Mortillaro, Gaspar: 177.
Munkacsy o Munckazy (Ver Michael Lieb).

N

Nordeau, Max: 19.

O

O'Gaban, Bernardo: 185.
O'Nam, Martha: 154.
Onetti, Juan Carlos: 211, 212.
Onís, Federico de: 108.
Ortega y Gasset, José: 124, 126, 144, 146, 158, 166.

P

Padilla, Heberto: 214.
Pagés Larraya, Antonio: 178.
Palcos, Alberto: 177, 179.
Pattison, Walter: 13, 22.
Pardo Bazán, Emilia: 84.
Paz, Octavio: 96.
Pelayo: 41.
Pérez de Zambrana, Luisa: 137.
Pérez Galdós, Benito: 14, 99.
Piaggio, Juan A.: 169, 171.

Piccolomini, Alessandro: 135.
Pico de la Mirandola, Juan: 135.
Picón Salas, Mariano: 56, 93, 94, 95, 102, 103, 195, 210.
Piñera Llera, Humberto: 39, 46, 47, 93, 94, 103, 120, 125, 127, 187, 196.
Piñeyro, Enrique: 71, 73, 75, 76, 78, 131, 187, 188, 193.
Placido: (Ver Gabriel de la Concepción Valdés).
Platón: 133.
Plauto, Tito Maccio: 36, 137.

Q

Quesada, Vicente J.: 172.
Quevedo, Francisco de: 95, 97, 99, 153.
Quintana, José Manuel: 73, 75, 78.
Quiñones, Samuel R.: 84, 88.

R

Rafael: (Ver Rafael Sanzio).
Raggi y Ageo, Carlos: 120.
Ramos, José Antonio: 15.
Rela, Walter: 177, 178, 214.
Remos y Rubio, Juan J.: 75, 78, 121, 122, 126, 127, 133, 137, 179, 187, 196.
Reyes, Alfonso: 134, 141.
Reyes Católicos (Isabel de Castilla y Fernando de Aragón): 41.
Río, Ángel del: 13, 22.
Ríos, Fernando de los: 57.
Ripoll, Carlos: 15, 17, 18, 22, 23.
Rodó, José Enrique: 45, 47, 131, 132, 134, 137, 145, 146, 151, 165, 169, 177.
Rodríguez Alemán, Mario: 102, 103.
Rodríguez Freile, Juan: 95.
Roggiano, Alfredo A.: 94, 95, 103.
Rojas, Ricardo: 178.
Román, Agustín: 197.
Romay, Tomás: 185.
Romero, Francisco: 124.
Ruiz de Alarcón, Juan: 150, 151, 153.
Rulfo, Juan: 212.

S

Sabat Ercasty, Carlos: 178, 180.
Saco, José Antonio: 55, 188, 189, 190, 191, 192.
Sainte Beuve, Carlos Agustín: 73, 132, 134.
Sainz de Robles, Federico: 114, 115.
Sánchez, Reinaldo: 217.
Sanguily, Manuel: 14, (69-79), 120, 131, 187, 188, 189, 193, 197.
Santayana, Jorge, 163.
Santovenia, Emeterio: 177, 179.
Sanzio, Rafael: 135.
Sarduy, Severo: 99, 103.
Sarmiento, Domingo Faustino: 56, 134, 151, 169, 170, 176, 177, 179.
Sarmiento, Eugenia Belin: 176.
Sartre, Jean Paul: 96.
Schiller, Federico: 161.
Schultz de Mantovani, Fryda: 177, 179.
Scott, Walter: 187.
Scudery, Mlle.: 133.
Sierra, Justo: 141, 142, 146, 151.
Sigüenza y Góngora, Carlos de: 95.
Silverio Sainz, Nicasio: 196.
Simón, José G.: 180.
Socarrás, Juan de Dios: 194.
Sófocles: 202.
Spencer, Herbert: 39.
Storni, Alfonsina: 115.

T

Taine, Hipólito: 13, 71, 73, 74, 75, 78, 85, 132, 134.
Tasso, Torcuato: 135.
Tejera, Diego Vicente: 137.
Toffanin, Giuseppe: 135, 138.
Tolón, Teurbe: 137.
Torre, Amelia V. de la: 166.
Torres-Ríoseco, Antonio: 14, 15, 22, 88.

U

Ureña, Salomé: 154.

V

Valdés, Gabriel de la Concepción: 77, 137.
Valdespino, Andrés: 166.
Valle Artiles, Francisco del: 83.
Valle, Raúl del: 196.
Valls, Jorge: 10, (199-206).
Varela, Luis: 171.
Varela Morales, Félix: 35, 42, 54, 55, 124, 133, 185, 186, 188, 189, 192, 196, 197.
Varela Zequeira, José: 137.
Vargas Llosa, Mario: 212.
Varona y Pera, Enrique José: 9, 14, (28-32), (33-47), 55, 57, 71, 75, 76, 124, (129-138), 151, 165, 175, 187, 188, 190, 191, 192, 196, 197.
Vasconcelos, José: 9, (139-146), 149, 158, 165, 169.
Vaz Ferreira, María Eugenia: 114.
Vega, Inca Garcilaso de la: 151, 162, 166.
Vega, Lope de: 95, 153.
Verlaine, Pablo: 30, 31.
Villagra Marsal, Carlos: 178.
Vinci, Leonardo de: 135.
Vitier, Medardo: 42, 47, 186, 196.
Vives Aguero, Eduardo: 16.
Vossler, Karl: 98, 193.

W

Warner, Charles Dudley: 173.
Wellington, Marie E.: 154.
Wolfflin, Heinrich: 93, 102.

Z

Zaldívar, Gladys: 32.
Zeno de Matos, Elena: 88.
Zeno Gandía, Manuel: (81-89).
Zola, Emilio: 13, 14, 15, 19, 84, 85.
Zum Felde, Alberto: 142, 143, 145, 146.

ÍNDICE

Nota preliminar 9
El naturalismo en la obra de Carlos Loveira 11
Julián del Casal a la luz de la crítica de Enrique José Varona 25
Dimensión histórica de Enrique José Varona 33
Ejemplaridad de Martí 49
La cuentística de Matías Montes Huidobro: búsqueda
   angustiosa de ideales 59
Impresionismo y positivismo en la crítica literaria de
   Manuel Sanguily 69
Consideraciones sobre Manuel Zeno Gandía: el naturalismo
   moderado de su novelística 81
Enrique Labrador Ruiz y la novela neo-barroca contem-
   poránea de Hispanoamérica 91
El postmodernismo intimista de Dulce María Loynaz 105
Mercedes García Tudurí: pensamiento y sensibilidad 117
La crítica literaria en Enrique José Varona. Su labor
   cervantina 129
José Vasconcelos: la raza cósmica 139
Pedro Henríquez Ureña: la búsqueda de nuestra expresión 147
Jorge Mañach: teoría de la frontera 155
José Martí y las repúblicas del Plata 167
La preocupación por Cuba en sus ensayistas del siglo XIX 181
Los perros jíbaros de Jorge Valls: dolor de Cuba hecho
   arte 199
Enrique Labrador Ruiz: precursor marginado de la novelís-
   tica hispanoamericana contemporánea 207
Índice onomástico 219